创新要素向企业集聚模式与机制分析

——以北京地区为例

张惠娜 栾鸾 王晋 著

北京理工大学出版社
BEIJING INSTITUTE OF TECHNOLOGY PRESS

图书在版编目（CIP）数据

创新要素向企业集聚模式与机制分析：以北京地区为例 / 张惠娜，栾鸾，王晋著 . —北京：北京理工大学出版社，2017.8
　ISBN 978-7-5682-4840-2

　Ⅰ . ①创…　Ⅱ . ①张…②栾…③王…　Ⅲ . ①企业创新 – 研究 – 中国　Ⅳ . ① F279.23

中国版本图书馆 CIP 数据核字（2017）第 223311 号

出版发行 / 北京理工大学出版社有限责任公司
社　　址 / 北京市海淀区中关村南大街 5 号
邮　　编 / 100081
电　　话 /（010）68914775（总编室）
　　　　　（010）82562903（教材售后服务热线）
　　　　　（010）68948351（其他图书服务热线）
网　　址 / http://www.bitpress.com.cn
经　　销 / 全国各地新华书店
印　　刷 / 保定市中画美凯印刷有限公司
开　　本 / 710 毫米 ×1000 毫米　1/16
印　　张 / 7　　　　　　　　　　　　　　　　责任编辑 / 孟雯雯
字　　数 / 102 千字　　　　　　　　　　　　文案编辑 / 邓德晶
版　　次 / 2017 年 8 月第 1 版　2017 年 8 月第 1 次印刷　　责任校对 / 周瑞红
定　　价 / 32.00 元　　　　　　　　　　　　责任印制 / 王美丽

绪 言

　　创新要素是与创新相关的资源和能力等要素的组合。创新要素主要包括创新者、机会、环境和资源四个方面，也就是支持创新的人、财、物以及将人、财、物组合起来的机制。一般说来，在四大创新要素中，创新者是能动的主体，其地位和作用最为主要。科技成果是资源要素，是创新的重要载体和成果，亦能更有效地促进创新。其中，技术创新是创新活动得以开展的必不可少的因素。从世界发展形势看，21 世纪无疑是信息技术、生物技术、新材料技术等新兴技术快速发展的时代。这些新兴的科学技术与经济发展的联系日益紧密，并将成为经济和社会发展的决定性力量。以综合国力世界第一的美国为例，据统计，在美国的社会经济发展过程中，有 12.5% 的生产率增长归功于资源的增长，而超过 80% 的生产率增长则是技术创新起了主要作用。而在美国的技术创新过程中，企业则是技术创新的主体。与发达国家创新要素向企业倾斜的现状相比，我国创新要素向企业集聚的倾向不是很明显。

　　一方面，从人才集聚领域来看，我国的人才倾向于到高校、科研院所及政府机关工作。就目前情况来看，我国企业的科技人才存有量和质量并不能满足企业国际竞争化发展的现实需求。现阶段的中国制造业仍以生产劳动密集型产品为主，很多企业的技术对外依存度较高，企业技术创新能力不强。这使得我国企业长期处于国际垂直分工体系的低端位置，在价值链创造中处于不利地位。企业技术创新能力不强，既归因于企业的创新机制不完善，企业利用外部创新资源能力较差；又与企业高层次、创新型科技人才数量不足有着直接关联。可以说，在科研成果转化机制尚未完全建构起来的情况下，企业创新型科技人才的缺乏不仅制约了企业的技术创新和产业升级，也严重地影响了我国企业的国际竞争力。增强企业自主创新能力，是在全球竞争的时代背景下我国经济和社会可持续发展的必然要求。全国科技创新大会明确提出，深化科技体制改革的中心任务是解决科技与经济结合问题，推动企业成为技术创新主体，增强企业创新能力，引导资金、技术、项目、人才等创新要素向企业集聚，进一步提升企业创新能力。

另一方面，从科技成果向企业集聚和转化的情况来看，我国的科技成果向企业转移和转化的成效不是十分明显。企业发展方式还是处于要素驱动和效率驱动发展阶段，整体没有进入内生增长、创新驱动发展阶段。[①] 在科技与经济建设紧密结合的时代背景下，科技进步对经济增长的贡献主要体现为科技成果转化为现实生产力的程度。因此，科技成果转化在技术创新及经济发展中的重要作用日益凸显，逐步成为科技支撑引领经济、促进发展方式转变和产业结构调整的关键节点。

但是，北京地区的科技成果转化总体状况并不容乐观，科技成果转化的链条并不流畅。尤其是以高校院所为主体的知识创新体系与以企业为主体的技术创新体系之间没有形成科技成果转化和产业化的通道及体制机制，创新体系中各主体之间缺乏结合的通道、平台、共生体和服务，科技与经济并没有实现有效结合，还存在阻碍科技成果转化和产业化的一些制度性问题。推动科技创新及成果转化的机制模式还需进一步完善，还需进一步优化科技成果转化和产业化的市场环境。对于北京地区来说，科研成果如果不能有效地转化为现实生产力和竞争力，就会大大降低科技投入的效益。因此，必须从事关北京经济发展全局的战略高度，深化改革，大胆探索，勇于创新，进一步建立完善有利于科技成果转化和产业化的体制和机制。

---

① 玄兆辉，吕永波.中国企业研发投入现状与问题研究［J］.中国科技论坛，2013（6）：5-10.

　　因此，增强北京地区的自主创新能力，建设全国科技创新中心，是现阶段北京发展的重大战略任务。而增强北京地区的自主创新能力，促进北京地区的产业升级，建设全国科技创新中心，关键一环在于北京地区企业创新能力的提高。北京地区企业技术创新能力的提高，离不开高水平的企业科技人才队伍建设及企业创新成果的累积与转化。探索北京地区科技人才及科技成果向企业聚集的模式与机制，推动创新要素向企业聚集，解决企业在吸纳科技人才及科技成果转化过程中存在的问题，找到制约北京地区科技人才流动及科技成果转化的政策机制原因，通过政策机制的完善消除科技人才流动及科技成果转化过程中存在的诸多不利因素，对于促进北京地区企业的可持续发展乃至提高地区竞争力具有重要的理论意义和现实意义。

　　本书以创新要素中最具代表性的科技人才及科技成果这两个重要因素为主，以北京地区为例，对创新要素向企业集聚的模式与机制进行了系统分析，试图深入分析和挖掘创新要素向企业集聚过程中存在的问题，并找到影响和制约北京地区创新要素向企业集聚的体制机制因素及解决这一问题的方法，提出促进创新要素向企业集聚的对策及建议。

张惠娜、栾鸾、王晋

2017 年 5 月 3 日

目　录

第一章　相关概念界定及理论分析

一、创新要素的概念、分类与特征

1. 创新要素的概念界定

创新是可持续竞争优势的真正来源，也是推动经济可持续增长最可靠的引擎。十八届五中全会强调，实现"十三五"时期发展目标，破解发展难题，厚植发展优势，必须牢固树立并切实贯彻创新、协调、绿色、开放、共享的发展理念。而在五大发展理念中，创新居于五大发展理念之首。习近平指出："创新是一个民族进步的灵魂，是一个国家兴旺发达的不竭源泉，也是中华民族最鲜明的民族禀赋。"十八届五中全会提出："坚持创新发展，必须把创新摆在国家发展全局的核心位置，不断推进理论创新、制度创新、科技创新、文化创新等各方面创新，让创新贯穿党和国家一切工作，让创新在全社会蔚然成风。"

创新要素是指和创新相关的资源和能力的组合。在创新要素中，人才是创新的主体。人才根据市场需求信息与技术进步信息，将市场需求与技术发展结合起来，从而产生有创造性的思想和成果。这些新的思想和成果在合适的经营环境和创新政策的鼓励下，形成技术创新。因此，人才是科技创新的核心要素。在创新要素中，科技成果是创新者、机会、环境和资源四大创新要素的集中体现。科技成果能否顺利转化并产生经济和社会效益，是衡量科技发展水平和社会创新水平的重要指标。习近平指出："科技创新绝不仅仅是实验室里的研究，而是必须将科技创新成果转化为推动经济社会发展的现实动力。"习近平强调："科技成果只有同国家需要、人民要求、市场需求相结合，完成从科学研究、实验开发、推广应用的三级跳，才能真正实现创新价值、实现创新驱动发展。"

多年来，我国一直存在着企业人才吸纳难以及科技成果向企业转化不畅的问题，使得科研和经济"两张皮"现象问题较为突出，严重影响了我国的自主创新能力以及产业结构升级。在此背景下，探讨如何促进创新要素向企业集聚，成为促进我国产业结构升级和提高企业自主创新能力的重要问题。

2. 创新要素的分类与特征

创新是在突破现有思维模式基础上，利用有别于常规或常人的思路来改进或创造新的事物、方法、环境，从而更好地指导实践的行为。熊彼得在《经济发展理论》一书中界定了创新的五种形式，包括开发新产品、引进新技术、开辟新市场、发掘新的原材料来源、实现新的组织形式和管理模式。一般说来，创新要素主要包含创新者、机会、环境和资源四个要素。本书立足于创新要素中的科技视角，聚焦于创新要素中科技人才和科技成果两个维度，分析创新要素向企业集聚过程中存在的问题及解决办法。

（1）科技人才的定义、分类与特征

科技人才是一个具有创新素质和创新能力的特殊人群，在一个地区的科技创新和产业升级过程中发挥着重要作用。科技人才的重要性使其成为全球化过程中一个企业、一个地区乃至一个国家制胜的核心战略资源。

当前学术界一般从广义和狭义两方面界定"科技人才"这一概念。广义的科技人才概念注重揭示的是科技人才的特质；狭义的科技人才的界定则是出于实际统计和比较分析的需要。

广义的科技人才泛指所有完成中等以上教育、从事科学技术有关职业的人员。这种对科技人才的理解是将科技人才直接等同于科技活动人员或科技人力资源。有的研究认为，科技人才是从事或有潜力从事科技活动，有知识、有能力，能够进行创造性劳动，并在科技活动中做出贡献的人员，主要包括科学研究与技术开发队伍、科技管理队伍和科技支撑队伍。还有的研究认为，科技人才主要是指所有正式或非正式从事科技工作，并在其领域做出一定贡献的科技工作者。另有研究认为，科技人才是实际从事或有潜力从事系统性科学和技术知识的产生、促进、传播和应用活动的人力资源。

狭义的科技人才界定，主要是为了研究的需要和统计的方便，将研发（R&D）人员看成是科技人才，或者是将科学家和工程师等同于科技人才。

借鉴上述科技人才的界定方式，本研究将科技人才界定为：有知识、有能力，并进行创造性科学技术活动，对科学技术事业发展做出贡献的劳动者，包括在高校、研究机构和企业从事科学研究、工程设计与技术开发、科学技术服务与管理、科学技术普及等工作的科技活动人员。一般来说，这些人才具有初级及以上专业技术职务或大专及以上学历。

根据科技人才来源地、流往地、层次水平高低与成就大小以及年龄段的不同，科技人才可以分为不同的类型。根据科技人才来源地的不同，科技人才可分为来自企业、高校、科研院所和政府机关等不同类型。根据科技人才流向地域的不同，以北京为据点，科技人才的流动又可分为地方向北京地区流动、北京地区向地方流动、由国外向北京地区流动以及北京地域范围内的人才流动等。根据科技人才水平高低及成就大小的不同，科技人才又可分为高层次型科技人才与普通型科技人才。根据科技人才年龄段的不同，科技人才又可分为老、中、青三种类型。

来源不同、流向不同、层次不同以及年龄阶段不同的科技人才，所追求的价值取向和人生目标也有所不同，在进行职业选择时所看重的因素亦不尽相同。因此，需要对科技人才自身的类型特点及个体需求给予一定的关注。但一般说来，科技人才具备一定的共同特质，比如具有较强的科技创新能力、良好的知识基础、丰富的实践经验、较强的学习能力和联系实际的能力、强烈的成就欲望以及较强的团结协作精神。科技人才的特征主要体现在以下几个方面：

① 较强的科技创新能力。

较强的科技创新能力是科技人才的首要特征，也是科技人才有别于其他类型人才的根本点。科技人才的科技创新能力直接影响着其科技创新成果的数量和质量。较强的科技创新能力表现在科技人才具有强烈的科技创新意识、超前的科技创新观念、敏锐的科技创新观察力、丰富的科技创新想象力、扎实的学科基础知识、较深的专业造诣和广博的人文科学知识等方面。

②良好的专业知识积累。

科技人才一般都具有良好的知识基础。科技人才从事科学技术活动，需要了解和掌握科学技术规律，需要具备一定的知识基础。因为从事科技活动不是靠凭空想象，而是需要丰富的知识和经验做基础。没有丰富的理论知识基础，很难在科技创新活动中有所作为。

③丰富的实践经验。

科技人才的科技创新不是闭门造车，而是建立在丰富的实践经验基础上的。因为，不论是科学创新还是技术创新，最终都要形成一种"成果"或"产品"，以解决现实中遇到的实际问题，而这种"产品"或"成果"必须符合社会或市场的需求，否则科技创新就失去了意义。因此，科技人才必须联系实际需要，在丰富的实践经验基础上，具有较强的联系实际的能力。

④较强的学习能力。

科技人才一般都是在不断学习新知识的过程中，掌握新的技能。较强的学习能力是开展科技活动的内在要求。科技人才不同于一般人才的一个显著特质就是有较强的学习能力，能够创新学习方式、方法，从实践中学习，向不同的人群学习，同时能够从科技活动本身的要求出发，在最短的时间，以最快的速度，掌握到最需要的知识。因此，较强的学习能力是科技人才的必备素质。

⑤强烈的成就欲望。

强烈的成就欲望是科技人才进行科技创新活动的内在动力，是科技人才不断努力进取的目标。科技人才的成就欲望及其创新成果存在着相互联系、相互促进的关系。正是强烈的成就欲望使科技人才大胆发挥自己的创新思想，展现自己的创新能力，最终实现创新目标。

⑥较强的团结协作精神。

当今社会，知识和技能的社会化分工越来越细致，每个人掌握的知识和技能都是有局限的，而在创新活动中可能涉及很多专业知识，仅靠个人很难实现创新目标。因此，科技人才需要有较强的团结协作精神。较强的团结协作精神表现在科技人才善于同他人沟通和交流，能够正确对待不同意见，充分吸收他人的优点和长处，借助团队力量形成科技创新的合力。

（2）科技成果及科技成果转化的定义、特点

科技成果是科技人才通过研究活动所取得的、具有一定学术意义或实用价值的创造性成果，包括理论研究成果和应用技术研究成果两个方面。一般来说，科技成果具有新颖性、先进性和实用性的特点。科技成果具有知识产权，具有一定的时效性，且具有只有通过现实转化才能发挥更大价值的特点。因为，并非每一项科技成果都是现实的生产力，科技成果必须与生产进行"嫁接物化"，才能从知识形态的潜在生产力转变为直接的现实生产力。科技成果转化为现实生产力的过程就是从发明设想、创造到开发试验，再到设计试制到产品生产，并最终形成商品投放市场，从而实现产业化的持续发展过程。科技成果只有经过转化之后才能影响社会经济发展，否则，科技成果只停留在理论层面，难以发挥应用价值。

对于"科技成果转化"以及"转化应用到什么程度"才是实现了科技成果转化，可以从广义和狭义两个层面理解。从广义的角度来看，科技成果即使是在小范围、小规模范围内得到了应用和转化，也都算是实现转化。也就是说，广义的科技成果转化是指将科技成果从创造地转移到使用地，使使用地劳动者的素质、技能或知识得到增加，劳动工具得到改善，劳动效率得到提高，经济得到发展的过程。狭义的科技成果转化仅指技术成果的转化，即将具有创新性的技术成果从科研单位转移到生产部门，使新产品增加、工艺改进、效益提高。从狭义的角度来看，科技成果转化只有实现了产业化，才算得上是真正意义的转化。

本研究所指的科技成果转化，是指为提高生产力水平，对科技开发所产生的具有应用和实用价值的科技成果进行的后续试验、开发、应用、推广直至形成新产品、新工艺、新材料和新产业等活动，是将科技成果转化为技术，并推广、应用到企业生产中，从而实现产业化发展的动态演进过程。科技成果转化是一个始于科技研发、技术转化、市场导入，最终经过产品化、规模

化和产业化的过程。

与我国历史上形成的研发与生产脱节的计划经济体制情况有所不同①，国外的科技成果转化过程主要是由企业独自承担完成，这一过程的各个环节衔接紧密、运作高效，不存在从科技研发到科技成果转化的根本性障碍。而在我国，科技成果研发和转化的过程主要是由互相独立的科研单位和企业分别承担完成，即研究开发在科研单位进行，而生产经营在企业进行。因此，两者之间的衔接问题便成为带有普遍性的问题。近些年，由于科技成果研发与企业生产经营之间的链接存在着诸多障碍，阻碍了我国企业科技创新与产品创新的过程，在这种背景下，科技成果转化问题受到了越来越多的重视。科技成果转化的各阶段特点及政策需求成为科技界及产业界共同关注的问题。一般来说，科技成果转化具有利益驱动性、阶段性、艰难性与复杂性等特征。

① 利益驱动性。

科技成果转化具有一定的利益驱动性。科技成果转化是科技与经济紧密结合的关键环节，是产业结构调整和经济发展方式转变的重要途径，是推进自主创新、推进科技成果向现实生产力转化的重要途径，对经济发展具有巨大的促进作用。科技创新的最终目标，就是将科研成果转化并应用到社会现实中去，最终实现一定的经济效益和社会效益。科技成果转化的直接动因就是获取经济利益。因此，科技成果转化既是一项重要的科技活动，也是一项重要的经济活动，是一个以科技投入为前期成本，以科技产出为后期效益的系统工程。同时，科技成果转化是一个风险和效益并存的过程，在这一过程中，获得利益最大化是科技成果转化参与各方的动机。

② 阶段性。

科技成果转化要经过复杂的发展过程，呈现出鲜明的阶段性特征。一般来说，科技成果转化一般可分为研究与开发阶段、中间试验阶段、工业性试验阶段及产业化阶段四个阶段。

第一阶段是科学与技术的研究与开发阶段。科学与技术的研发是科技人才进行新技术、新工艺的开发和探索，从而获得具有创新性和实用性的科技

① 郭铁成，邸晓燕.如何从根本上解决科技成果转化难题［N］.科技日报，2014-09-03.

成果。这一阶段主要是由研发机构的科技人才在实验室中完成。实验室中研发出的科技成果是否有可应用性或是否可以被转化，是科技成果能否被顺利转化的重要条件。

第二阶段是科技成果的中间试验阶段。中间试验是产品正式大规模投产前的较小规模的试验。中试阶段是一个从小批量验证到逐渐放大验证数量的过程，包括小量中试、放量中试、小批量生产三个阶段。经过三个阶段的测试，检验科技成果是否已达到可应用推广的程度。

第三阶段是科技成果的工业性试验阶段。工业性试验是在中试基础上，在工业性试验厂中或已投产工厂的某个系列中所进行的选别试验。在工业性试验场中，对测试产品的质量、成本、生产环境，进行监控、考核、成本核算，并将产品投放市场销售，从而核算其经济效益。

第四阶段是科技成果的产业化阶段。产业化阶段就是通过研究、开发、应用、扩散，使科技成果以市场为终点的、不断形成产业的过程，是使知识形态的科研成果转化为物质财富的过程。产业化阶段以市场占有率和经济效益来考核。[①]

科技成果转化的每个阶段都有鲜明的阶段性特征，充分认识这些特征，并根据各阶段性特征所需条件从而有针对性地提供各项条件，是促进科技成果转化的重要前提。

③艰难性与复杂性。

科研机构研发出来的科技成果并不是自然而然地就转化为技术并为企业所应用的，而是要经过一系列复杂的研究和转化过程，这一链条涉及研发、中试、生产、销售等多个环节，受国际环境、经济政策环境及社会环境等多方面的影响，是一个相当复杂、难度极大的社会系统工程。为了形容科技成果转化的复杂性，有人将从科技研发到企业初建这一过程比喻成"死亡之谷"，意指很多科技成果还未走向市场，便被埋没在从基础研究到商品化的过程中。有人将成型的产品投入生产到大规模产业化之间的鸿沟称之为"达尔文之海"，大海的一边是技术供给，另一边是市场需求，浩瀚的海洋就是产品生产与市

---

① 袁晓斌.谈科技成果转化及其人才队伍建设问题［J］.商业经济研究，2010（23）：129-130.

场需求之间的"生死之海"。无论是"死亡之谷"还是"达尔文之海"的比喻，描述的都是科技成果在落地转化及过程中遭遇的瓶颈，体现了科技成果转化的艰难性与复杂性。

二、企业的定义与分类

1. 企业的定义

企业是以生产或服务满足社会需要为目标，以获得经营收入为动力，从事生产、流通、服务等经济活动，实行自主经营、独立核算，依法设立的一种从事生产经营活动的经济组织。与政府机关、事业单位相比，企业的重要特点是自收自支，即企业是通过成本核算进行盈亏配比，通过自身的盈利解决企业自身的人员供养。另外，企业单位与职工签订的是劳动合同，当发生劳动争议时，以劳动仲裁的方式加以解决。

2. 企业的分类

在市场经济条件下，企业分不同的类型，不同类型的企业有不同的特点，具体情况如下所示：

① 根据投资人出资方式和责任形式的不同，企业可分为个人独资企业、合伙企业、公司制企业。

② 根据投资者的不同，企业可分为内资企业、外资企业和港、澳、台商投资企业。

③ 按所有制结构的不同，企业可分为全民所有制企业、集体所有制和私营企业。

④ 按股东对公司所负责任的不同，企业可分为无限责任公司、有限责任公司和股份有限公司。

⑤ 按规模的不同，企业可分为特大型企业、大型企业、中型企业、小型企业和微型企业。

⑥ 按经济部门的不同，企业可分为农业企业、工业企业和服务业企业。

⑦ 按企业所属行业在国民经济发展战略中所处地位的不同，企业存在着从属于传统产业与新兴产业的不同。

⑧ 按照占用资源的集约程度不同，企业可分为劳动密集型企业、资金密集型企业、技术密集型企业和知识密集型企业。

本研究认为，不同类型、不同规模以及不同发展阶段的企业，其科技人才吸引力有所不同。与之相对应，不同类型企业的科技人才集聚模式与特点也会有所不同。另外，不同类型、不同规模和不同发展阶段的企业，在吸引科技人才的过程中所遇到的困境和存在的问题亦不尽相同。例如，国有企业、民营企业和外资企业在人才甄选模式、人才激励模式和人才治理模式上就有所不同；相应的，其吸引人才的模式和机制也不尽相同。故此，针对不同类型、不同规模以及不同发展阶段的企业，应建立不同的科技人才吸引机制；针对不同的人才集聚模式，政府应给予不同的政策支持。此外，不同类型的科技人才在进行职业选择时，所看重的要素也有所不同，因此，政府在制定科技政策和人才政策时，应结合不同类型和不同层次科技人才的需求及企业类型特点的不同给予综合考虑。

第二章 新时期推动创新要素向企业集聚必要性与可行性分析

在全球化过程中，一个国家或地区只有拥有强大的自主创新能力，才能在激烈的市场竞争中把握先机、赢得主动。由于技术创新水平落后，我国的很多产业在全球产业分工中处于生产加工环节或低附加值的劣势地位，其中一个重要原因就是企业创新能力不强、研发实力不够。提高企业技术创新能力，实现产品的升级换代，推动企业逐步走向产业链的中高端位置，这是中国企业的未来发展方向。

作为我国政治、经济和文化的交流中心，北京的科技创新能力在全国范围首屈一指。北京地区共有普通高等院校 88 所，科研院所 266 个，并拥有全国近 1/3 的国家重点实验室和 1/4 的国家工程技术中心，承担了国家大量的研究工程和项目。凭借着强大的地区优势，北京聚集了国内外大量高层次科技人才，是我国重要的人才高地。

根据"首都科技创新发展指数 2014"报告，2013 年，北京地区综合科技进步水平位居全国首位，达到 83.12%。科技创新支撑首都经济社会发展的能力不断增强。北京科技进步贡献率稳步提升，2013 年达到 60.11%，位居全国首位。知识创造能力全国保持领先。2013 年，北京发表国际科技论文数量继续保持全国第一，国内发明专利占专利授权量比重 33%，位居全国首位。北京高新技术转移和产业化的各项指标全国领先。高新技术产业园区收入、国家级高新技术企业数量、技术合同成交额、国家级创新平台数量均居全国首位。北京正在日益成为创新环境最优、创新活力最足、创新成果最多、辐射带动力最强的科技创新高地。[①]

北京创新型企业的数量也迅猛增长。在有"中国创新硅谷"之称的北京中关村，近几年科技企业呈现爆发式增长，2015 年达到 2.1 万家，而在 2013年此类企业仅为 6 000 家。[②]

虽然近年来北京的科技创新取得了巨大的进步，但是企业在创新驱动发展方面还存在着诸多的问题，离全国科技创新中心建设的要求还有一段距离。探索创新要素向企业集聚存在的问题，帮助企业构筑良好的创新要素集聚机制，对于促进实现创新驱动发展具有重要意义。

一、推动创新要素向企业集聚必要性分析

由于北京地区大的科研院所较多，如何有效利用这些创新资源为企业创新服务，增强企业的科技人才吸引力和科技成果转化能力，对于北京地区的技术创新和产业升级来说至关重要。尤其是在世界城市建设的新形势下，促进科技人才向企业聚集、推动科技成果向企业转化，这对于北京地区的产业结构调整和创新型城市的建设来说意义重大。故此，《科技北京行动计划》中提出，要"鼓励科研院所和高等院校的科技力量主动服务企业""加快技术成果向企业转移，促进人才向企业集聚"。

新时期，推动科技人才向企业集聚、推动科技成果向企业转化，是提升北京地区企业技术创新能力、确立企业创新主体地位、调整北京地区产业结

---

①　郑金武. 四大要素协同推动首都创新驱动发展［N］. 中国科学报，2015-03-17.
②　于立霄. 北京中关村科技创新企业呈爆发式增长［EB/OL］. 中国新闻网. 2016-03-13.

构及促进产业升级、促进企业国际化发展以及提升北京地区企业社会地位的需要。

1. 促进创新要素中的科技人才向企业集聚的必要性

提高企业的技术创新能力，关键在于企业科技人才创新素质和创新能力的提高。但是目前，科技人才在企业中的集聚优势和集聚效应并没有完全发挥出来。企业中科技人才在数量和质量方面并不能满足企业创新发展的需要。针对我国企业科技人才队伍发展现状，《国家中长期人才发展规划纲要》（2010—2020）中明确提出，要"加强产学研合作，重视企业工程技术与管理人才的培养，推动科技人才向企业集聚"。

分析北京地区企业创新要素，尤其是人才要素后可以发现，北京地区企业科技人才队伍存在着较多的问题，比如说高层次科技人才数量相对较少，整体创新能力不强，分布结构有待优化以及企业科技人才流失严重等。北京地区企业科技人才队伍建设存在的这些问题，已严重制约了北京地区的产业升级和结构优化。因此，在创新型城市建设的时代背景下，存在着优化北京科技人才分布结构、促进创新要素向企业集聚的必要性。可以说，促进科技人才向企业聚集，是提升北京地区企业技术创新能力、确立北京地区企业创新主体地位、推进北京地区产业结构调整和优化升级、促进北京地区企业国际化发展以及提高北京地区企业社会地位及社会影响力的需要。

（1）促进科技人才向企业集聚是提升企业技术创新力的需要

要实现北京地区企业由"北京制造"到"北京创造"的战略性转变，大幅度提升北京地区企业的自主创新能力，需要充分发挥科技人才在企业中的人才集聚效应。目前，越来越多的企业管理者意识到了科技人才对企业发展的重要性，有的企业管理者指出："一个企业领军人才的高度决定了这个企业的事业高度，一个行业的领军人才的高度决定了这个行业的未来发展。"

促进科技人才向企业集聚是确立企业创新主体地位的需要。市场经济条件下，科研机构、高校、企业乃至政府都从不同角度参与到了技术创新活动之中，但是，只有企业才是技术创新的主体，而其他的社会组织只能在创新的不同阶段和环节提供创新所需的各种新要素和专业服务。作为国家技术创新的主体，企业必须成为研究开发投入的主体、技术创新活动的主体和创新成果应用的主体。

确立企业的技术创新主体地位意义重大。对于企业而言，提高创新能力就必须提高对创新重要性和艰巨性的认识，制定明确的技术创新战略与规划，增加人才和经费的投入，建立健全自身的技术创新体系、运行机制和创新文化。对于国家而言，确立企业的技术创新主体地位，就要求全社会的技术创新资源必须向企业聚集，各类社会组织根据各自的社会分工，向企业提供充足优秀的创新人才、创新经费、创新信息、中介服务和良好的政策环境。

在北京地区，蕴藏于科研院所、高校中的科技创新资源的社会共享程度还很低，其科技成果在北京的落地转化率并不理想。由于企业人才的数量以及创新能力在某些方面与企业的实际需要存在着差距，这在一定程度上制约了北京地区企业的自主创新能力。促进科技人才向企业聚集，是确立企业技术创新主体地位的需要。

（2）促进科技人才向企业集聚是推进产业优化和升级的需要

促进科技人才向企业聚集，是北京地区产业结构调整和产业优化升级的需要。2006 年，北京市制定了建设创新型城市的目标和任务，试图通过创新型城市的建设，集成首都地区的各类创新资源，调整北京地区的产业结构，提高北京地区的自主创新能力。促进创新资源向企业集聚，是优化北京地区人才分布，以人才结构优化支撑产业结构升级的重要途径。而 2008 年的金融危机更使国内很多地区和企业意识到了产业结构调整和产业结构升级对于一个地区和一个企业长远发展的必要性，也更加重视企业科技人才的技术创新对于企业长远发展的重要性。促进科技人才向企业集聚，是北京地区产业结构调整和优化升级的人才保障。

（3）促进科技人才向企业集聚是推进企业国际化发展的需要

随着全球经济的一体化，国与国之间的经济关系越来越紧密。在这样的经济形势下，企业也需要走国际化之路，才能顺应新时代发展的潮流。而在企业的国际化发展过程中，具有国际化视野的、通晓国际业务和国际规则的、能熟练使用国际语言并掌握高新技术的国际性人才将对企业发展起到至关重要的作用。尤其是在北京建设"世界城市"的时代背景下，促进具有国际视野的高层次科技人才向企业集聚，是促进北京地区企业国际化发展的需要。

（4）促进科技人才向企业集聚是提高企业社会影响力的需要

受传统"学而优则仕"观念的影响，企业科技人才的社会地位并不高。因此，很多科技人才不愿意到企业工作，甚至将去企业工作视为"无可奈何"或者"退而求其次"的选择。而促进科技人才，特别是一些研究水平高、有社会影响力的科技人才向企业聚集，是提高企业社会地位及影响力的需要。

2. 促进创新要素中的科技成果向企业转化的必要性

当今时代背景下，促进科技成果向企业转化，对经济和社会发展的作用和意义主要体现在以下几个方面：

（1）促进科技成果向企业转化是我国经济适应世界竞争发展的需要

当今世界范围内，经济的竞争愈来愈表现为科技成果，尤其是高新技术成果转化数量、质量和转化速度的竞争，而归根结底则是科技成果商品化、产业化程度及其市场占有率的竞争。也就是说，当前世界经济的竞争越来越表现为技术创新成果商品化深度、广度和速度的较量。

对于我国来说，近年来，我国科技投入虽然逐年增长，但我国科技成果转化率平均仅为 15% ～ 20%（也有研究称，我国的科技成果转化率是 10%），实现产业化的不足 5%，专利技术的交易率也只有 5%，远远低于发达国家 40% 左右的转化率（也有研究质疑对于国内外科技成果转化率的计算）。诚然，"目前任何版本的科技成果转化率数据，都是将特定管理范围的评估数据移花接木用作国家科技成果转化率，不仅概念混淆，而且数据不实"[1]，但一个不争的事实是，我国高校、科研院所中研发的科技成果，相当一部分研发出来后，没有得到现实的应用从而发挥其应有的价值。而企业的科技创新需求，又远远没有被满足。科技与经济之间的鸿沟已经成为我国实现经济增长方式转变和产业结构优化的重要制约因素。通过促进科技成果转化和技术转移催化企业的科技创新，提升我国企业在国际分工链条中的位置，是我国经济适应世界竞争发展的需要。

科技成果转化是科技创新转化为生产力过程中不可逾越的环节。促进科

---

① 李修全 . 中国科技成果转化率平均只有 15%？数据统计不实［N］. 科技日报，2015-02-02.

技成果向企业转化，一方面，可以促进科技资源的合理配置，引导研发机构关注社会现实问题，促使科技创新者的创新成果得到回报，激发科技创新者勇闯难关、不断创新的热情；另一方面，促进科技成果向企业转化，可以使企业的创新能力和产品竞争力迅速提高，从而占领竞争中的有利地位，获得新的发展机会。

（2）促进科技成果向企业转化是落实"科技是第一生产力"的关键

科技成果转化的过程，就是科学技术转化为现实生产力的过程。发展经济要依靠科技进步，发挥第一生产力的作用。而只有把作为第一生产力重要体现的科技成果在生产实践中得到广泛的应用，才能有效地通过科技提高我国的经济增长速度，从而实现经济增长方式的转变。科技成果能否迅速地转化为现实生产力，是衡量检验科技能否为经济社会发展做出贡献的重要标准，是衡量一个地区科技创新能力及核心竞争力的重要指标，也是一个地区调整地方产业结构和转变经济增长方式的关键环节。

（3）促进科技成果向企业转化是促进科技与经济相结合的最好形式

新技术的产生并不等于新产业的形成，要使科技成果变成现实的生产力，就需要推动实验室中诞生的"科技成果"通过成果转化之链，进入市场环节，从而通过科技发展解决经济和社会发展中的难点、热点和重点，实现科技与经济发展的相结合。促进科技成果向企业转化，是推动我国产业升级、促进科技与经济结合发展的必然途径，是区域产业结构调整升级的必由之路。

对于北京地区来说，科技成果转化和产业化是建设"科技北京"、实现科技与经济紧密结合的关键环节，是将首都科技智力资源优势向经济发展优势转化的有效途径。促进科技成果在北京落地转化，是加快首都经济发展方式转变，推动首都经济优化升级的紧迫要求，也是把北京建设成为创新型城市和国际创新枢纽的战略抉择。

近年来，北京市越来越重视科技成果转化在地区产业发展中的重要作用，北京"十二五"规划明确提出要推进重大科技成果产业化平台、科技金融服务平台、创新型人才服务平台建设，健全"产学研"合作机制，促进科技成果在京落地转化。2016年《北京市促进科技成果转化行动方案》明确提出，"十三五"时期，北京要在坚持"市场导向、政府导向、机制创新、协同推进"

的基本原则基础上，促进北京的科技成果转化制度环境更加优化，科技成果转移转化体系全面建成，企业、高等学校、科研院所等创新主体科技成果转移转化能力显著提高，北京发展成为"国家科技成果转移转化的示范区和全球创新网络的重要节点"，通过建设一批支撑实体经济发展的众创空间，建成一批示范性技术转移机构，推动一批重大科技成果转化应用，培育一批技术创新、应用服务创新和商业模式创新融合的新业态。

二、促进创新要素向企业集聚可行性分析——以北京为例

作为全国重要的科技创新中心，北京拥有大量的高校、科研院所，由政府和大学设立的研究机构达 700 多家，民办科研机构 200 多家，外资研发机构在北京也有 200 多家。仅中科院一家，就在北京有 40 多个研究院所，覆盖了光学、能源、交通、化工、遥感、生物、电子等许多领域，这些科技创新资源为北京的科技成果转化提供了重要的基础。可以说，作为中国的首都，北京具有较好的科研开发人才优势、科研成果开发优势、信息网络资源优势和科技成果产业化市场优势，这些创新要素能够为北京企业的科技创新与可持续发展能供不竭的源动力。

1. 北京具有科研开发资源优势

北京的科研开发资源优势包括科研机构资源优势和科技人才资源优势两个方面。一方面，北京地区科研机构主要由高等院校、中央各部委在京科研院所、中国科学院在京科研院所、国防科技工业系统在京科研院所、北京市属科研院所、国家重点试验室、国家级和市级企业技术中心组成，这些机构使北京形成了中央各部委在京科研院所、中国科学院在京科研院所、国防科技工业系统在京院所、国家重点试验室、市属科研院所、高等院校以及国家级、市级企业技术中心等组成的强大的科研开发网络。2015 年，北京市新创办科技型企业突破 4 万家；国家高新技术企业 1.2 万家，数量居全国首位。[①]另一方面，北京拥有全国独一无二的人才资源优势。北京地区拥有丰富的人力

---

① 凌纪伟. 2015 年北京新创办科技企业数量居全国首位［EB/OL］. 新华网，2016-06-08.

资源，各类专业技术人员和从事科技活动人员数量均位居全国前列。2009—2014年，全市每万人拥有科技人员数由302名上升到338名，平均增长率为2.37%。北京每万人拥有科技人员数量居全国首位。[①] 在京科学院院士、工程院院士人数位居全国第一位，两院院士约占全国半数。截至2012年，北京地区设有博士后流动站600多个，工作站252个，博士后数量居全国首位。截至2015年，北京市博士后科研工作站达123家，企业分站124家。这些都是北京地区的科研开发资源优势。

2. 北京具有科学技术成果优势

强大的科研开发资源优势使得北京的科学技术成果优势明显。2014年，英国《自然》杂志的增刊《2015中国自然指数》发布显示，中国高质量的科研产出在2012年至2014年期间，增长了37%。其中，科研产出排名前十的城市依次是：北京、上海、南京、武汉、合肥、长春、香港、杭州、广州和天津。北京与上海和南京成为中国三大科研中心。2015年，北京科技进步贡献率已超过60%，比全国平均水平高5个百分点以上，科技研发投入占地区生产总值比例为6.01%，居全国第一。数据显示，2010年，北京地区专利授权数为33 511件，位居国内前列。[②] 北京每万人发明专利申请数从2010年的17.1件增长至2014年的36.3件；每万人发明专利授权数从2010年的5.7件增长至2014年的10.8件；每万人PCT国际专利申请量从2010年的0.65件增长至2014年的1.68件。[③] 这些均是北京地区的科研成果开发优势。

3. 北京具有信息网络资源优势

北京市拥有良好的科技成果转化信息网络资源优势。北京是全国的信息中心、通信枢纽和因特网中心。北京集聚了51万家网站及大部分具有全国影响力的重点互联网企业，是全国网络舆论形成传播的中心。[④] 强大的信息网络资源优势为北京科技成果转化信息的传播和交流提供了便利。

---

① 金可. 北京每万人拥有科技人员指数全国最高[N]. 北京日报，2016-11-29.
② 岳崎. 北京市科技进步贡献率2015年超60%[N]. 北京晨报，2016-09-06.
③ 王蔚. 大数据叙说"十二五"北京创新发展成就——2015首都科技创新发展指数发布[N]. 科技日报，2016-02-26.
④ 董城，张景华. 北京：将网都优势发挥到最大[N]. 光明日报，2016-07-31.

4. 北京具有成果转化市场优势

技术市场是科技成果转化的重要渠道。在产业结构调整的大背景下，北京的技术市场已发展成为北京科技成果转化的重要渠道支撑。根据《2011 年北京技术市场统计年报》数据统计，2011 年，北京地区电子信息、现代交通、新能源和环境保护、航空航天、先进制造、生物医药和新材料等新兴产业涉及的技术领域合同成交额保持快速增长，达 1 483.1 亿元，占全市技术合同成交额的 78.5%，其中航空航天、智能交通领域的技术合同成交额高于全市平均增长速度。2011 年，北京输出农业技术合同成交额达 102.7 亿元，比上年增长 15.5 倍。其中，行业领域输出技术合同成交额达 2.1 亿元，增长了 1.3 倍。[①] 2015 年，北京市技术合同突破 7 万项，达 72 272 项，比上年增长 7.4%。成交额 3 452.6 亿元，增长 10.1%，占全国的 35.1%，80% 的技术输出到京外，技术市场对北京转换发展动力和转变发展方式的支撑作用不断提高。[②] 技术市场已经发展成为支撑北京科技成果转化、完成技术扩散和产业化的重要渠道。

三、推动创新要素向企业集聚过程中存在的问题

2013 年，国务院办公厅发布了《关于强化企业技术创新主体地位，全面提升企业创新能力的意见》，文件提出，要"建立健全企业主导产业技术研发创新的体制机制，促进创新要素向企业集聚，增强企业创新能力，加快科技成果转化和产业化，为实施创新驱动发展战略、建设创新型国家提供有力支撑"。为强化企业技术创新主体地位，全面提升企业创新能力，北京近年来不断深化服务企业，通过项目、技术、人才等对接服务，推动资金、技术、项目、人才等创新要素向企业集聚，取得了较好的成绩。但仍存在着不少问题，本书从科技人才和科技成果两个维度考察北京地区在推动创新要素向企业集聚过程中存在的问题。

---

① 栾鸾 . 2011 年北京技术市场统计年报［R］. 北京城市系统工程研究中心 .
② 童曙泉 . 技术交易增加值占 GDP9.47%［N］. 北京日报，2016-02-28.

1. 促进科技人才向企业集聚过程中存在的问题

近年来，北京市出台了一系列激励科技人才创新创业及服务企业发展的优惠政策，这为企业科技人才的引进和培养提供了良好的政策环境。在这些政策的引导和支持下，北京地区科技人才主要集中在科研机构和高校的局面得到了改善。随着北京市对科技创新及人才工作的日益重视，北京地区企业的科技人才队伍建设取得了长足进展，企业科技人才在数量和创新能力方面均有所提升——北京地区企业科技人才队伍建设取得了较大的进步，企业已成为拉动人力资源需求的绝对主体，企业科技人才的总量和素质都在稳步提升。但是，与北京地区经济和社会的快速发展相比，北京地区企业科技人才队伍的整体素质、知识结构和创新水平还不能满足北京地区产业结构升级和世界城市建设目标的需要。北京地区企业科技人才队伍建设存在的问题主要体现在以下几个方面：

（1）企业高层次科技人才相对缺乏

调研显示，北京地区企业科技人才数量不少，占北京市科技人才总量比例也并不低，但很多企业普遍短缺高层次复合型人才和一流的创新团队，与北京地区的高校和科研院所相比，企业的学科带头人和行业拔尖技术人才仍相对缺乏，尤其是战略性产业的高端科技人才数量明显不足。

（2）企业科技人才整体创新力不强

企业科技人才的发明创造及技术革新水平相对较弱。从实践效果看，北京地区本土企业在高技术产业中的贡献份额较低，很多企业的核心技术和部件仍需要靠外部进口，这使得很多产品的高附加值部分被外国企业拿走。受企业研发条件和企业科技人才自身素质的限制，企业科技人才创新和研发能力不强，这是企业核心竞争力不强的重要原因。

（3）企业科技人才分布相对不均衡

在北京地区，不同行业、不同类型和不同规模的企业，其科技人才分布存在着较大的差异。一般说来，高科技企业中的高层次科技人才分布相对于劳动密集型企业要多；开展创新活动较为密集的行业聚集的科技人才较多，而传统制造业集聚的科技人才数量较少；大规模企业科技人才集聚相对较多。以科技活动人员情况为例，北京地区科学家和工程师在大中型工业企业中分布明显高于其他类型的企业。而中小型企业，尤其是民营中小型企业，科技人才集聚相对较少。另外，在北京地区，中央企业比市属企业有着更强的科技人才吸引力，外资企业在京研发机构也吸纳了一批高层次科技人才，而市属国有企业、中小型科技企业科技人才在数量和质量方面均有较大的提升空间。

（4）企业科技人才流失情况较严重

由于很多企业，尤其是民营中小企业，在管理制度、保障制度以及激励制度等机制方面并不健全，导致这些企业普遍存在着"引进科技人才难，留住科技人才更难"的问题。尤其是一些家族性私营企业，薪酬绩效考核制度不健全，在管理方面人治色彩较为浓重，在一定程度上影响了这些民营企业中科技人才价值的体现。而部分国有企业缺乏创新活力，激励机制也不完善，制约了这些企业中科技人才积极性和创造性的发挥。这些情况使得这些企业在进行人才引进竞争时处于劣势地位。

目前，在促进科技人才向企业集聚过程中存在问题的原因大概包括以下几个方面：

① 企业在工资福利待遇方面并不具备吸引高端人才的绝对优势。

在北京地区，不同类型的企业、行业以及规模不同的企业，在福利待遇方面存在着相当大的差别。尤其是中小型民营企业，在工资福利方面与事业单位和机关相比没有优势。另外，国企、民企与外企的福利待遇相比，也不具有优势。从国有企业和民营企业收入对比情况来看，国有企业的福利保障措施较好，在养老保险、健康保险、意外保险、住房补贴以及退休金制度等方面机制较为健全，但国有企业的激励机制欠缺灵活性，其股权激励范围一般仅限于企业管理层，覆盖面并不广，科技人才的工资水平与工作强度、实际贡献脱离的现象比较普遍。民营企业虽然在人才激励方面灵活性极强，在激励方式上以物质性奖励为主，集中体现为工资、奖金和提成等形式，但这种激励方式缺乏规范性，对社会保险和劳动保障重视程度比较低。最后，企业科技人才退休后的养老金明显低于事业单位和国家公务员，这种"退休双轨制"的待遇差别也在一定程度上影响了企业的科技人才吸引力。

② 现有评价和激励机制不利于科技人才向企业流动。

当前，合理的科技人才评价机制和激励机制还未建立起来，尤其是在高校以及科研院所。比如说，尽管在国家政策层面已出台了对从事不同研究类型的科技人才实行分类评价的办法，但在实际操作中，高校和科研院所在人才的评价和激励方面仍存在着以学历和职称为主要标准以及论资排辈的现象，论文、专利等量化指标仍是评价人才的重要参数。在唯"文章"为是的高校和科研院所，从事应用研究的科技人才不易受到重视，这在一定程度上阻碍了高校和科研院所的科技人才关注企业的技术创新。更为突出的问题是，在目前的评价和激励机制体系下，高校、科研院所与企业科技人才的科研关注点不尽相同，这不利于高校、科研院所与企业间的人才互动与合作交流。

③ 企业的科研条件和研究氛围并不理想。

目前，政府的科技投入多以科研项目的形式分配，从这些科研经费项目的实际落实情况来看，流向高校和科研院所的比例较高，流向企业的数量较少。从整体上看，企业的科研基础条件和科研氛围远不如高校和科研院所，有能力设立研发中心或实验室的企业数量并不多，尤其是中小企业的研发活动趋于短期化，研发条件相对较差，这不利于这些企业内科技人才创新能力的充分发挥。而在国有大中型企业中，仍有很多企业没有设置技术研发机构。很多企业，尤其是中小型企业，难以支撑科技人才进行技术储备或涉足高端技术的研发活动，这无疑降低了这些企业的科技人才吸引力。同时，在当前形势下，企业在科技人才的使用过程中普遍存在着"重引入、轻培养"现象，企业科技人才接受继续学习与培训的机会远远低于高校和科研院所的科技人才，这在一定程度上降低了企业的科技人才吸引力。此外，从北京地区科技项目以及科技人才发展计划实施情况来看，企业科技人才所占比例并不高，这与现阶段企业作为技术创新主体的重点工作并不相适应。以北京市的科技人才培养计划——科技新星计划的实施情况为例，近年来，科技新星中企业入选人数比例一直较低，所占份额为7%～8%。高校、科研院所的入选人数比例远远超出企业入选人数，这个比例远远不能满足北京地区企业科技人才培养的需要。

④ 企业的职业稳定性不高，这是影响科技人才向企业流动的重要因素。

与事业单位以及国家行政机关等单位从业人员相比，企业发展受社会外部环境以及市场条件影响较大，企业从业人员的职业风险性较高。尤其是家族性民营企业以及中小型民营企业的生存与发展受经济环境以及企业领导个人决策的影响较大。即使是大型企业，在金融危机面前都会受到很多影响。例如，2008年金融危机时，受金融危机影响，很多企业大幅度裁员，这就充分说明了企业从业人员的职业稳定性深受外在经济环境的影响。另外，北京地区的高科技企业，很多是科技人才从高校或科研院所中脱离出来创立的，这种企业在初始阶段规模较小，且在创业阶段的抗风险能力较弱。因此，处于这个发展阶段的企业，其科技人才吸引力不强。与在政府或财政拨款事业单位工作相比，在企业工作的人才，职业发展中的不确定性因素更多，职业稳定性相对较差，这在很大程度上降低了企业对科技人才的吸引力。

⑤ 相关政策法规、管理制度不利于人才向企业流动。

目前，科技人才流动过程中的相关法律法规并不健全。以知识产权保护为例，由于员工"跳槽"行为是企业商业秘密流失的主要渠道，因此，现实中仍旧存在着因防止知识产权泄露而阻止科技人才自由流动的现象。另外，很多小型民营企业与员工签订劳动合同时合同不规范、不完备，雇工权益不明确，一旦发生劳动争议，雇工往往处于不利地位。例如，一些企业与涉秘人员签订了竞业禁止协议、技术保密协议，但对如何界定某一行为是否违反协议、如何追究违约责任，在政策法规方面尚不明确。这也成为影响企业科技人才吸引力的一个不可忽视的因素。

另外，从北京市企业创新能力以及企业科技人才数量发展情况来看，目前的政策条件并没有为北京市企业吸引科技人才创造出足够的外部环境。现有的政策体系在企业科技人才的引进、培养与使用等环节上仍存在着诸多问题，这在一定程度上影响或者制约了北京地区企业科技人才吸引力的提高。

在当前形势下，受身份、户籍以及档案关系等因素的影响，高校、科研院所与企业之间，北京与地方之间的科技人才流动渠道并未完全被打通，人才在流动过程中仍会遇到一些体制性羁绊。例如，由于我国高校、科研院所和企业之间的人员存在着身份和社会保障等方面的差异，这些差异在一定程度上形成了科技人才流动的硬性羁绊。由于这些差异的存在，也使得事业单位或者国家机关的公务人员不愿意放弃事业单位或公务人员的身份去企业工作。可以说，这种身份差异在一定程度上阻碍了科技人才的流动。又比如说，由于编制限制，很多企业的科技人才在向科研院所和高校流动时也存在着障碍。这种人事管理方面的体制性障碍在一定程度上限制了科技人才的自由流动。另外，在北京地区，囿于企业户口名额的限制，有些企业不能为科技人才解决户口问题，这也会降低这些企业的科技人才吸引力。

⑥ 传统的官本位观念仍有广泛的社会影响。

传统"学而优则仕"的官本位思想以及社会上对"干部身份"的追捧，使部分科技人才倾向于到政府机关或事业单位工作。此外，在当前体制下，很多单位的人员福利待遇均与行政级别挂钩，拥有行政领导职务意味着拥有更多的话语权和资源处置权，因此，很多企业把科技人才转到行政管理岗位视为对科技人才的一种嘉奖。有些科技人才在企业做出了成绩，很快就会被转到管理岗位上去，这种科技人才行政化现象会导致企业高层次科技人才的流失和人才使用上的浪费。

2. 促进科技成果向企业集聚和转化过程中存在的问题

北京地区的高校和科研院所数量及科技成果数量在全国均居于首位，但北京的科技成果转化水平与发达国家的科技成果转化能力仍有一定的差距，主要体现在：北京地区科技成果转化综合能力并不强，绝大多数科研院所的科研成果仍然停留在实验室阶段，不能顺利实现市场化和产业化，"成果多、转化少、推广难"成为制约北京地区科技成果转化的最大问题。具体体现在科技成果转化链存在问题、科技成果转化投入不足、政府缺乏应有的激励政策和引导、中小企业技术市场需求尚不成熟以及科研人员不具备从事生产经营的素质等。

归结起来，北京在促进科技成果向企业集聚和转化过程中存在的问题，主要体现在以下几个方面：

（1）科技成果转化的投融资机制尚不健全

为引导全社会加大科技成果转化投入力度，加快推动科技成果转化应用，财政部、科技部于2011年发布了《国家科技成果转化引导基金管理暂行办法》，通过设立创业投资子基金、贷款风险补偿等方式，支持利用财政性资金形成的科技成果的转化。在此基础上，科技部、财政部又印发了《国家科技成果转化引导基金贷款风险补偿管理暂行办法》。但中小企业发展面临的"融资难、融资贵"现象依然突出,"科技成果转化在提高企业技术创新能力和支撑经济转型发展方面的重要作用尚未得到充分发挥和体现"。[①]

对于北京地区来说,也存在着科技成果转化投融资机制尚不健全的问题。目前,北京地区科技成果转化融资体制机制的不完善主要体现在以下几个方面:首先,政府的科技投入中用于成果转化的资金投入不足,在科技成果转化过程中的资金统筹工作、资助保障工作有待加强。其次,企业在科技成果转化中的自筹资金不足。再次金融界对科技成果转化的支持不到位,科技成果转化为生产力的风险资金仍较为缺少,融资难成为制约科技成果转化的重要因素,造成很多企业"胎死腹中"或"难以长大"。尤其是很多中小型企业,很难获得风险投资的关注。北京地区尚未形成多渠道、多层次的科技成果转化投资体系。中关村地区每年推出技术成果上千项,但转化率很低,一个重要原因就是现有的风险投资难以满足企业创新的需求。[②]

(2)科技资源配置和利益分配机制不合理

科技成果转化是个综合性的、复杂性较高的活动,需要相关技术的配套、产业基础的支持、科技资源包括科技图书文献资源的利用、大型仪器设备条件资源的共享等方面的支撑,还需要人才资源的智力保障。目前,不合理的科技资源分配机制和利益分配机制,也影响了科技成果向企业的顺利转化。主要体现在:目前的科技图书文献资源和大型仪器设备资源主要集中在高校、科研机构,企业如果想利用这些科技资源,还需要寻求高校和科研机构的协作。但当前高校、科研机构的科技资源还不够开放,还远未建立起为社会、为企业服务的体制机制,存在着使用成本较高、服务不到位等情况,导致企业在自由运用高校、科研机构的科技资源方面还有一定的困难。再比如说,一直以来,事业单位的科技成果视同国有有形资产管理,高校实施科技成果转化的活力得不到有效释放。而在分配机制方面,也不利于科技成果的落地转化。比如,在科研院所的评价体系和利益分配机制中,实施科技成果转化的科技人才既不能获得较高的学术地位,也不能获得较高的经济收入,这种

---

① 马爱平. 打破中小企业科技成果转化困局[N]. 科技日报,2016-01-15.
② 郑金武. 当技术转移遭遇"死亡之谷"[N]. 科技时报,2006-07-20.

科技资源配置和利益分配机制不利于科技成果的转化。

（3）未能调动起人才成果转化的能动作用

当前，科技人才在科技成果转化中的主体能动作用未被充分调动起来。比如，在高校和科研院所中，以推广、开发为主的人才和以科研、教学为主的人才在专业技术职务任职资格评定时采取同样的评价标准，这种做法使得从事成果转化和产业化的人才在职称评定方面处于劣势，所以高校和科研院所科技人才从事成果转化和产业化工作的积极性不高，这在一定程度上导致了参与科技成果转化人才的匮乏。

同时，当前的政策体系中，科技成果转化对科研人员和成果转化人员的奖励力度较小，激励作用有限。现行的绩效评价体系重视论文和成果的数量，轻视科技成果的市场价值，导致高校、科研机构的科研人员重学术研究、轻成果转化，一项科研成果完成以后，热衷于发表论文，申报科技奖励，对科研成果的应用推广则兴趣不大，一些科研人员把主要精力仍放在得到上级认可和获奖上，忽视了科研成果的转化应用实际效益。而另一方面，由于经费的限制和市场竞争的压力，企业科研人员乐于对比较成熟的、处于产业化阶段的成果实施产业化，而不太愿意从事成果转化。可以说，当前的分配制度与社会环境并没有形成鼓励、认可和奖励科技人才转化成果的有效机制。相反，各种体制与文化障碍成为束缚科技成果转化的隐形枷锁，科技人才无法通过成果转化获得社会成就感和荣誉感，这在一定程度上影响了科技人才参与科技成果转化的积极性。因此，缺乏为企业专门从事科技成果转化的社会化服务工作的高素质、专业性人才，是当前科技成果转化的重要障碍之一。

另外，科技成果的转化需要高校、科研机构与企业之间科技成果与人才的紧密互动。2008年，《关于促进自主创新成果产业化若干政策的通知》提出，"积极推动事业单位与企业社会保障制度的衔接，促进大学、科研机构与企业之间人才的合理流动"。2014年6月，北京市政府审议通过的《加快推进科研机构科技成果转化和产业化的若干意见（试行）》提出，要促进科研机构科技成果向企业转化。但当前，由于大学或科研机构与企业之间的社会福利、稳定性及社会地位之间的差别，并没有出台实质性的促进大学、科研机构与企业间人才合理流动的操作办法，实质上束缚着科技人才的流动和职业的自由转化，这在一定程度上也不利于科技成果向企业的顺利转化。

（4）未充分发挥企业在转化中的主体作用

科技成果要成功实现商品化、产业化，其转化出来的产品必须能满足市场需求，而企业最贴近市场、最了解市场需求，并且拥有生产和推销产品的诸多手段。在市场经济条件下，企业经营的目标是利润最大化，这就要求企业紧跟市场需求变化而产生的技术需求，及时采用新技术、新成果以获取最大收益。目前，大多数企业没有真正成为科研开发、成果转化的主体，企业参与产学研合作的积极性有待进一步提高。

（5）科技成果自身的产业转化成熟度较差

科技成果的产生和转化一般需要经过技术原理构思阶段、实验室研究阶段、中试放大阶段和工业化试验四个发展阶段，这四个阶段的任何一个环节出现问题，都会阻碍科技成果的顺利转化。其中，科技成果自身产业转化成熟度较差，是影响和制约科技成果转化的重要因素之一。很多重点高校和部属科研院所承担的大多为国家级重点科研课题，并且其中许多科研项目成果都集中在基础性研究领域，这本身就决定了其研究成果很难走向市场化，加上其获得的专利往往是作为单位成果或职务发明，使得市场转化的可操作性大为减弱。即使是地方工科类院校，由于不具备重点高校雄厚的研发资金支持，他们的研发成果转化成商业利益的现实难度依然很大。同时，高校和科研院所的科研人员并未将研究焦点放在科技成果的转化和应用方面，形成了"轻实际应用，重理论研究"的思想观念，较少顾及这些研究成果究竟与社会生产实际有多大联系，能够为社会创造多少财富，导致科学研究与生产实际的严重脱节。

（6）社会公共服务平台作用未能充分发挥

一般说来，现代社会分工越来越细，促使社会公共服务体系越来越发达和健全，而发达的社会公共服务体系则更利于科技成果的落地和转化。其中，科技成果转化是个过程链条，在实施科技成果转化之前，科技成果转化各方必须对市场需求进行分析和预测。但市场需求本身是复杂的，理论上的需要不一定能够转化为需求。同时，市场需求会因宏观经济形势的变化而变化。另一方面，对于即将投放市场的产品的市场需求与预期，也只能是个大概的估计。科技成果转化的复杂性决定了科技成果转化参与方在技术的成熟性、创新先进性、市场需求和用户使用等方面的信息不对称，因此，社会公共服务平台应在科技成果转化链条的运行过程中发挥重要作用。但北京地区技术转移、科技成果转化难的一个重要因素，就是缺乏对于市场需求进行专业分析和预测能力的系统完善的社会公共服务平台或机构。另外，包括技术供需发布、定价、评估、交易签证、纠纷处理等科技成果转化公共服务体系仍不完善，不能满足北京地区科技成果转化的社会发展需要。为解决这个问题，2010年，北京市虽然正式启动运营了首都科技成果产业化公共服务平台，并在科技成果产业化方面发挥了一定的作用，但其作用发挥情况并不十分理想。在通过社会公共服务平台促进科技成果转化方面，北京还需要继续加强。

（7）政府的政策激励和导向作用有待增强

科技成果转化有比较大的外部不确定性，技术进步、经济增长、税收等很多方面都会对科技成果转化产生影响。因此，科技成果转化需要市场"看不见的手"与政府"看得见的手"共同发挥作用。其中，良好的政策支撑体系是科技成果顺利转化的重要保障。但目前，政府提供的促进科技成果转化的政策支撑体系还不完善，科技成果转化仍缺乏系统有效的政策支撑。其中的一个重要表现，就是促进科技成果转化的政策法规体系不完善。创业风险投资、天使基金、产业资本投资科技成果转化的扶持政策和支持民营科技企业科技成果转化的扶持政策体系不够健全。另外，缺乏针对创业型小企业实施科技成果转化的扶持政策。在经济运行过程中，越小的企业越需要政府政策的支持，但实际情况却是，越小的企业越难得到支持，很多民营中小科技企业在税收方面仍然负担较重。另外，在政策执行上，这些法律条文过于死板，不具可操作性，缺乏相关配套和具体落实措施，导致许多促进科技成果转化的优惠政策难以落地，存在着"实施细则不细"，无法具体落实的问题。为促进科技成果转化，国家制定了一系列法律法规，如《中华人民共和国促进科技成果转化法》（1996年发布，2015年修订）、《中华人民共和国专利法》（2008年发布）、《中华人民共和国合同法》（1999年发布）等。这些法律法规的实施，在一定程度上推动和促进了我国科技成果的转化。但是，对于北京地区来说，这些法律法规的可操作性并不强。

另外，政府在促进科技成果转化协同体系建设过程中的作用有待加强。科技成果转化并不是个孤立的过程，而是新技术与新产品研究开发、生产、供应、销售等方面综合起来的一个链条，这一链条具有复杂性、综合性和高风险性的特点，需要参与者方方面面的协同配合，特别是产学研的有机结合，并在一定的利益协调机制的有机作用下，调动各方的积极性。但目前，政府在协同体系建设过程中的有效作用没有充分发挥，围绕科技成果转化的协同体系还没有有效地建立起来。另一方面，目前还没有建立起能有效激发科技成果转化链条各环节活力的利益与风险分配机制，导致科技成果转化链条中各环节的主动性没有被充分调动起来。

第三章　作为创新要素主体的科技人才向企业集聚之模式与影响因素

市场经济条件下，科技人才会遵循着市场规律形成人才流动。当科技人才的流动在空间上集中并达到一定规模时，就会出现科技人才的集聚现象。不同类型的企业，比如说国有企业、民营企业和外资企业，在科技人才集聚方式上存在着较大的差异。另外，处于不同发展阶段的企业（比如处于初创期的中小型企业与已发展成型的大中型企业）的科技人才集聚模式也有所不同。

一、模式分析

根据科技人才流动方式的不同，科技人才向企业的集聚分为柔性流动和实质流动（两者以档案关系的迁入与否为划分标准）。

一般来说，科技人才向企业集聚有三种途径，如图3.1所示。科技人才向企业集聚途径1是指高校或科研院所的科技人才向企业方向发生的流动，包括实质流动（以实线表示）和柔性流动（以虚线表示）两种方式。

高校、科研院所科技人才创业或者辞职到企业任职，这属于科技人才从高校、科研院所向企业发生的实质性流动。而高校、科研院所科技人才以兼职、科技特派员等柔性方式为企业服务的，则属于人才柔性流动的范畴。

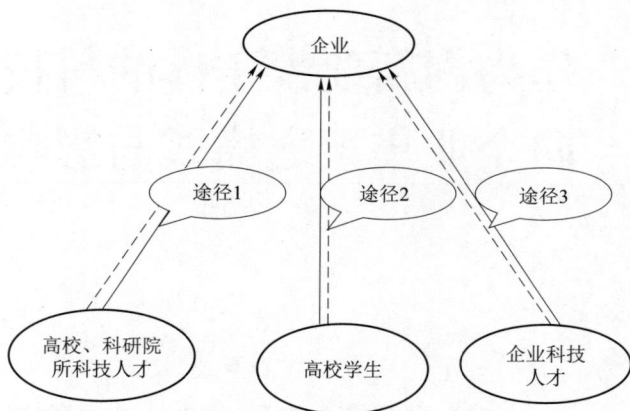

图 3.1　科技人才向企业集聚模式

科技人才向企业集聚途径 2 是指高校毕业生就业选择时选择去企业任职（实质流动），或是学生在校期间通过兼职或做毕业论文等形式为企业研发服务（柔性流动）。

科技人才向企业集聚途径 3 是指企业间的科技人才流动，这既指科技人才从一家企业辞职到另一家企业就职（实质流动），也指科技人才在不同企业间的兼职活动（柔性流动）。

不同的人才集聚途径和模式有着不同的人才集聚方式及集聚特点，具体情况如表 3.1 所示。

表 3.1　科技人才向企业集聚途径与特点

科技人才向企业集聚途径	方式	具体模式
途径 1（高校、科研院所科技人才→企业）	实质流动	高校、科研院所科技人才创业或者辞职到企业任职
	柔性流动	高校、科研院所科技人才以兼职、科技特派员等柔性方式为企业服务；高校、科研院所科技人才的成果为企业所用

续表

科技人才向企业 集聚途径	方式	具体模式
途径 2 （高校学生→企业）	实质流动	毕业生选择去企业就业
	柔性流动	学生在校期间通过兼职或做毕业论文等 形式为企业研发服务
途径 3 （企业科技人才→企业）	实质流动	科技人才从一家企业辞职到另一家企业 就职
	柔性流动	科技人才在不同企业间的兼职

根据企业吸引科技人才途径和方式的不同，科技人才向企业集聚的典型模式大致可以分为科技人才创业模式、企业筑巢引凤模式、企业柔性引智模式、政府搭台引才模式以及政府派送智囊模式。

本部分通过对企业科技人才吸纳模式的案例剖析来说明每种人才集聚模式的特点及每种人才集聚模式的政策需求。

1. 科技人才创业模式

科技人才创业模式，是科技人才主动向企业集聚的一种企业人才集聚模式。

在北京地区，很多高新技术企业形成于高校或科研院所拥有核心技术科技人才的下海创业，例如，百度公司、联想公司、汉王公司的创立，就属于科技人才通过创业方式向企业集聚的典型模式。鉴于北京地区高校和科研院所较多以及创业环境较好，这种类型的人才集聚模式在北京地区数量较多。本部分以拥有核心技术的科研人员自主创办企业为例加以说明。

【案例 1】1981 年，张朝阳在西安考取了清华大学物理系，大学毕业前考得了"李政道奖学金"，获得去美国麻省理工学院（MIT）的留学资格，在美国获得了物理学博士学位并从事了两年的博士后研究。1996 年 7 月，张朝阳正式开始了他的企业创办之旅。1996 年他拿到第一笔投资 22.5 万美元，到了1997 年 9 月这笔投资已经消耗大半，张朝阳又开始了长达半年之久的融资。1998 年 4 月张朝阳创办的搜狐公司获得第二笔风险投资，投资者包括英特尔公司、道琼斯、晨兴公司、IDG 等，共 220 多万美元。1998 年搜狐正式创立，两年后在美国上市。

【案例2】2000年，付强从西安电子科技大学博士毕业，而后在美国和欧洲的科研院校从事相关的博士后研究工作。2004年，付强回国并到中科院声学所工作。2016年，付强带领声学所科研人员，将学术成果应用到实际，创办了北京先声互联科技有限公司，成为从中科院走出的一支颇具特色的创业小团队。先声互联多通道语音前端信号处理引擎综合利用了多麦克风空间滤波、语音分离、解混响和声源定位等多项基于物理建模的信号处理技术，并融合了基于机器学习的数据建模机制，为远讲免提模式的语音识别和通信应用提供对背景噪声、非平稳干扰、设备回声以及房间混响等不利声学因素的优异抑制能力。

高层次科技人才创新创业，是带动产业转型和技术升级、支撑经济长远发展的战略性举措，也是促进经济增长方式转变的必然要求。调研显示，科技人才以创业方式向企业集聚所需的条件是：科技人才自主开发出某种新产品或拥有核心技术，且这个核心技术能产业化；科技人才拥有创业资金；社会创业环境较好。

有鉴于此，扶持科技人才创新创业可从搭建技术产业化平台和优化创业环境这两方面入手，并在创业资金及税收方面给予科技人才一定的支持。此外，鉴于初创期的创新型企业资金少、规模小、抗风险能力较弱，使得这些企业的科技人才吸引力较差，因此，处于这一时期的企业在招揽科技人才时，需要政府政策的支持和引导。

2. 企业筑巢引凤模式

企业筑巢引凤模式是指企业通过设置企业研究中心或建立重点实验室等方式，以研发环境的改善为企业招揽科技人才；也指企业通过提高科技人才待遇的方式为企业引才。

以联想集团吸引研发人才的手段为例。联想集团特别强调通过企业研发环境的改善、为科研人员提供发展空间和高待遇等手段来增强企业自身的人才吸引力。联想集团的首席技术官贺志强认为，一家企业是否真正在走创新的路子，能否留住优秀研发人才，可从三个方面来考量：第一，公司在创新研发上有没有足够的投入；第二，这家公司用怎样的制度保证研发人员能安心工作；第三，这家企业员工的创新成果能不能变成公司的价值，也就是说，公司能否为研发人员提供一条路径，保障他们的研究成果能成为产品。联想公司便是从以上三个路径打造吸引人才的内部环境。以第二方面为例，联想公司为了吸引并保证研发人员能安心工作，一直执行的是双通道的职业发展路线，即专业创新发展和行政管理并行路线，专业创新发展路线为那些愿意做研发、擅长做研发人员的发展铺就了台阶。另外，从待遇方面看，在联想集团，首席科学家的待遇和副总裁是相当的。①联想集团这种筑巢引凤的做法为集团集聚了大量一流研发人才。

另外，有的企业通过特有的企业文化的塑造，以自身的"魅力"招揽科技人才。比如说百度公司对待人才的企业文化对科技人才就具有独特的吸引力。在百度，办公室的纪律只有两条：不准抽烟和不准带宠物，除此之外，百无禁忌。同时，百度实行的是弹性工作制，这种弹性工作制给了科技人才充分的自主空间。百度公司相对宽松的企业文化吸引了大量优秀的科技人才。

企业筑巢引凤模式需要企业不断关注科技人才的需求（不仅包括科技人才的物质需求、精神需求，也包括科技人才的发展需求），为满足科技人才的需求打造吸引科技人才的软硬件条件。

企业筑巢引凤模式之一：企业通过研究中心或重点实验室的设置改善研发环境，提高科研人员的研发条件。

企业研究院或者企业研究中心的设置是企业招揽科技人才的一种有效途径。例如，联想、方正、春兰等国内很多大型企业都设立了企业研究中心或研究院，通过研发中心或研究院的设置为企业引入高层次研发人才。

【案例3】为了促进企业的技术研发和创新，联想集团建立了以北京、东京和罗利三大研发基地为支点的全球研发机构。美国罗利研发中心主要是进行研发管理和战略性产品的研究；日本的研发中心主要做笔记本开发；第三个研发中心在中国，其中包括北京、上海、深圳、成都的研发机构，研发的内容比较全面，在产品方面包括台式机、笔记本电脑、手机、数码设备、高性能服务器。联想集团通过企业研究院的设置以及为研发人才提供的发展空间，

---

① 刘世昕.联想集团：享受创新带来的收益［N］.中国青年报，2006-06-12.

吸引了包括世界级技术专家在内的一流研发人才。

企业通过研发重点实验室的设置，为科技人才的成长提供良好的研发环境和项目平台，这是企业吸纳高层次科技人才的重要途径。2010年，北京地区依托企业建设的国家重点实验室共有23家，占全国批准企业建设国家重点实验室数量的24.5%。这些重点实验室为企业吸引了大量高层次科技人才。以中国石油勘探开发研究院"提高石油采收率国家重点实验室"的设置为例，该实验室为中国石油化工股份有限公司吸纳了大量高层次优秀人才，该实验室是在整合现有的四个集团公司重点实验室相关优势资源基础上组建而成的。该实验室不但成为企业的重要研发中心，也是企业的优秀人才培养中心。

企业筑巢引凤模式之二：通过高薪待遇为企业招揽科技人才，这也属于企业筑巢引凤的一种人才引进模式。

【案例4】北京碧水源科技股份有限公司，由归国留学人员于2001年创办于中关村国家自主创新示范区。它凭借吸引杰出的大师人才，开发出拥有完全自主知识产权的膜生物反应器（MBR）污水资源化技术，成为我国MBR技术大规模应用的奠基者、污水资源化技术的开拓者和领先者，比肩GE、西门子，处于国际领先水平。

在膜生物反应器制造领域，顶级技术专家之一就是曾在日本某大学就职的一位华裔老教授。碧水源公司为了攻克污水处理技术瓶颈，以250万元年津贴、150万元年薪和别墅、汽车等丰厚条件，将其召回中国，成为碧水源公司的专家顾问，帮助公司实现了关键技术的自主研发。而该华裔老教授认为物质是次要的，最重要的是碧水源公司给予了他施展才能、发挥自身才干的市场环境和开拓平台。正所谓"海阔凭鱼跃，天高任鸟飞"，企业给高端核心技术人才提供施展才能的空间，高层次科技人才自然会被吸引过来。

调研结果显示，企业筑巢引凤这种人才引进模式对企业的要求比较高，需要企业具备一定的软硬件条件。比如说，企业要有一定的经济实力，有资本和能力设立研发中心以及申报重点实验室；企业已发展到一定阶段，能为所需要的紧缺人才提供"重金"。另外，企业筑巢引凤模式需要政府在改善企业研发环境和引才环境等方面给予支持。比如说，在企业建立研发中心以及申报重点实验室时给予资金和政策的支持；属于战略性新兴产业的企业，在招揽紧缺急需科技人才时，需要政府提供信息资源以及给予一定的补助。

3. 企业柔性引智模式

企业柔性引智模式，是指企业通过人才租赁、设立企业博士后工作站或到高校设立企业研究院等方式为企业柔性引入所需要的科技人才，企业亦可通过与高校、科研院所进行项目合作、邀请专家为其做技术指导等方式实现柔性引智。在柔性引智期间，用人企业与被聘请人员之间不发生人事隶属关系。这既降低了企业科技人才的使用成本，也可以充分利用北京地区，尤其是中央在京高校和研究院的科技人才资源优势，使企业吸收和引入高层次科技人才成为可能。

企业柔性引智模式一：中小型企业到大型企业租赁技术顾问、高级技工，或者到高校和科研院所租赁项目完成人以及聘请专家和顾问。另外，企业也可将研发项目外包出去，以柔性聘用这一使用人才的方式，长期租赁或短期租赁科技人才为企业研发服务。例如，任清华同方威视技术股份有限公司常务副总裁的陈志强，同时又在清华大学核技术研究所核信息处理研究室担任主任。同方威视的这种柔性引智模式有助于该企业充分利用清华的人才资源。此外，企业柔性引智模式还包括国内企业到国外去聘请专家为企业研发和技术进步服务。

【案例 5】北京荣志海达生物科技有限公司在 2008 年聘请了 Jussi Halleen 教授和 Kalervo Vaananen 教授为公司技术顾问。Kalervo Vaananen 教授为芬兰土尔库大学生物系的主任、大学的校长，同时也是芬兰国家医学科学院的院长。Jussi Halleen 教授是 Bone TRAP 的发明人，芬兰 SBA 公司的 CEO 和芬兰 Pharmatest 公司的 CEO，曾荣获四项国家科技奖，并获得六项国际专利，目前已发表骨标志物相关文献 47 篇。这两位专家的聘请增强了荣志海达公司在骨科技术方面的支持力量。

企业柔性引智模式二：企业通过在高校设立企业研究院，积极开展企业与高校之间的人才与技术信息交流。这种柔性引智的模式既可以有效利用北京地区高校的科技人才优势，又可促使北京地区高校科技人才关注企业的最新技术需求。

【案例 6】与高校合作获取智力资源是京仪集团吸引科技人才的一种方式。

京仪集团为了企业的人才引进与技术发展，不断与高校合作，以柔性引智方式为企业吸引了很多高层次人才。比如说，京仪试剂在与高校的合作中，将西安某大学的副教授引进到京仪集团，该教授带来了个产品，并最终形成了个产业。京仪通过与该教授的合作，与该大学建立了长期的合作伙伴关系。在合作中，京仪从该学校选出优秀的硕博生进入企业做课题以及设计毕业论文。科技人才凭借这种方式与京仪建立了联系，有的科技人才毕业后就留在了京仪，并做到了领导职务。这种方式既实现了人才培养和人才引进的目标，也实现了技术的产业化。

企业柔性引智模式三：企业博士后工作站的设置是企业柔性引智的一种有效模式。此外，企业与高校通过共建的方式联合培养工程硕士，这一方面能解决企业的技术需求，另一方面也能为企业提供科技人才后备军。

【案例7】中关村科技园区海淀园企业博士后工作站是全国首家高新区企业博士后工作站，下设包括联想集团、时代集团、用友软件股份、北京宝洁技术有限公司等企业分站37家。工作站建有10多个国家级重点实验室和省部级技术中心，先后与北大、清华、中科院等30多个流动站合作培养了近百名博士后，每年有200万元"博士后工作专项资金"及博士后公寓等用于支持工作站建设。博士后工作站在海淀园取得了突出成绩：参与或主持了88个省部级以上科研项目，为企业创造经济效益17.34亿元（人均3 468万元）；以第一至第三发明人身份申报142项发明专利（人均近3项，其中27项已获国内授权，7项在欧洲、美国同步申请）；在重要学术刊物上共发表论文著述累计221篇（其中97篇被SCI、EI等收入检索）。这些企业博士后为企业的科技创新与发展做出了重要贡献。

如图3.2所示为中国博士后工作站情况统计，数据显示，从中国设立博士后工作站以来，进站博士后数量持续稳定增长。

截至2015年，北京有博士后科研流动站、工作站、分站已达到293个，居全国之首，已累计招收博士后2 751人，目前在站博士后903人；开展科研项目910个。北京市开展博士后工作以来，培养了以中国工程院院士韩德民教授为代表的、分布在各个行业领域的高端人才，近百人被选拔进入"长江学者""国务院特殊津贴专家"等国家级和"北京市科技新星计划"等省部级人才培养计划，多人成为国内乃至国际相关行业的领军人才。[①]

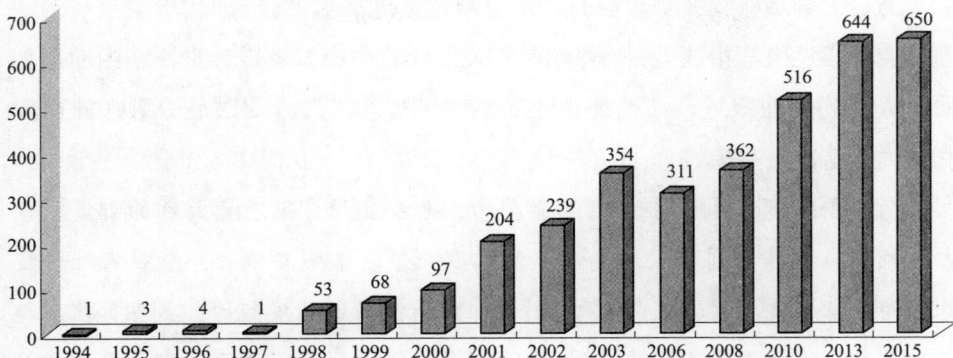

图3.2 近年来博士后工作站情况统计
资料来源：中国博士后网站

企业博士后工作站的设置，能以柔性方式为企业创造创新人才集聚效应。企业博士后工作站的设置，为企业聚集了高层次科技人才，并在一定程度上促进了产学研结合，提高了企业科研和技术创新能力。以北京经济技术开发区为例，2001年，经原国家人事部和全国博士后管委会批准，在开发区设立博士后科研工作站。通过建立博士后科研工作站，开发区高层次人才队伍不断壮大，设站企业自主创新能力不断加强。目前，开发区已有28家企业博士后科研工作分站，累计培养博士后研究人员60余人，承担各类创新型课题近70项，获得各类资助200余万元，开发区投入科研经费289万元。[②]

企业柔性引智模式四：高校或者科研院所科技人才在企业设立实验室是企业柔性引智的一种模式。

【案例8】2011年2月，北京市燃气集团研究院与中国石油大学、北京工业大学、北京科技大学、北京建筑工程学院、哈尔滨工业大学分别签约共建产学研用联合培养基地，并与北京科技大学建立"城市燃气管网联合实验室"。这种"1+5"模式，以燃气企业为主体，同时联合5所优秀高校，把先进研究成果转化为应用成果的做法，是在过去单一企业对院校点对点的基础上，以点对面开创了行业领域联合共建新模式。联合实验室的建成，将促进院校实

---

① 40家新设博士后科研工作站挂牌 [N].北京劳动就业报，2015-11-13.
② 齐美娟.博士后工作站再添四家 [N].信报，2016-03-04.

验室资源的共享，并以此为依托联合申报高级别、高深度的科研项目，拓展双方的研发领域，提升双方的科研实力和科技成果水平。

企业柔性引智模式五：企业到国外设立研发中心或者设计室，在当地招募研发人员为企业服务，这也是企业以柔性引智方式为企业发展提供人才保障和智力支持的一种模式。

【案例9】为了提高企业的创新能力，长安集团分别在意大利的都灵、日本的横滨、英国的诺丁汉和美国底特律设立了汽车研发中心，吸引海外科技人才为企业的技术创新服务，借"外脑"提升企业的研发能力。截至目前，与长安签订合同的国外专家已超过80人，多数来自福特、通用、宝马、丰田等国际巨头企业。2010年，长安汽车有6款自主品牌轿车上市，创下新车上市数量历史之最。这不仅预示着长安汽车正在全面提速，也集中展现了长安汽车的自主研发实力。长安汽车股份有限公司总裁助理王俊表示："引进国外专家的先进技术带动了新品研发效率的提升，以前需要花5年才能研发出一款全新车型，现在长安只需要3年。"

企业柔性引智模式打破了国界、地域、户籍、身份、档案和人事关系等人才流动过程中存在的刚性制约，在不改变科技人才与原单位人事关系的前提下，科技人才无档案和工资关系的后顾之忧，因此，这种人才引入模式可以广开科技人才招揽渠道，促进科技人才柔性为企业服务。

企业柔性引智模式不但可以充分利用北京地区高校和科研院所的人才优势和实验室资源优势，实现高校、科研院所及企业之间的人力资源共享，也可以增强研究院与企业之间的人员和技术方面的信息交流，并可以为企业节约用人成本和人事管理负担，突破人事编制限额对人才流动的束缚，尤其是解决了中小企业的引才难问题。这种"不求所有，但求所用"的企业引才方式是一种灵活弹性的用人机制。

4. 政府搭台引才模式

政府搭台引才模式，是指政府通过政策的制定和引导为企业吸纳科技人才搭建平台或创造条件。

政府搭台引才模式之一：为特定区域企业的成长和发展提供政策优惠，通过政府政策和资金的支持和引导，促进人才向这一地区的企业集聚。例如，中关村人才特区的设置，就是政府通过政策导向作用的发挥，为中关村地区企业招揽科技人才的一种模式。

【案例 10】1997 年，北京市设立海淀创业园，致力于吸引学有所成的留学人员归国创业工作。创业园为留学人员提供税收、房租、资金扶持、入园人员的家属户籍以及子女入学等多方面的优惠政策支持，为海外留学创业人员回国创业提供了良好的政策空间和发展环境。在硬环境方面，海淀创业园不断扩大孵化场地，塑造安全舒适的空间环境，孵化面积从 6 000 平方米扩大到了 80 000 平方米。在软环境方面，海淀创业园建立了商务服务平台、人力资源服务平台、管理咨询服务平台、投融资服务平台和专业服务平台五个服务平台，为园区企业提供全方位增值服务。同时，根据企业需求进行创业服务创新，以优质的孵化器服务吸引更多的海外高层次创业者和创业团队入驻。

政府搭台引才模式之二：通过在企业建立院士专家工作站的形式为企业招揽高层次科技人才。例如，北京市的院士专家工作站，就是以政府推动为动力，以企事业单位创新需求为导向，以两院院士及其团队为核心，联合进行科学技术研究的高层次科技创新平台。截止到 2011 年 4 月，北京市已设立 11 个院士专家工作站，"进站"院士达到 47 位，他们"零距离"帮助企业破解技术难题，培训技术研发团队，成为企业的高端智力资源库。

【案例 11】北京市通过在企业建立院士专家工作站，以政府搭台形式搭建院士专家和企业合作的桥梁，打通了"产学研"一体化道路。例如，中国工程院院士李大东、杨启业与北京燕山石化公司就"由直馏柴油或轻蜡油中压加氢裂化生产航煤的工艺技术开发""催化裂化节水减排技术"等科研项目签订合作协议，为公司改善产品结构，提高国际竞争力提供了技术支撑，其中部分项目填补了国内空白。神华集团公司依托"院士专家工作站"，由中国工程院彭苏萍、袁亮、谢和平等 8 位院士参与承担了"西部生态脆弱型矿区煤炭开采与水资源保护和利用技术""煤矿瓦斯安全高效抽放及综合治理技术""CO_2 咸水层封存的基础理论及应用研究"等重大项目，以企业为主体，实现科技研发与成果转化的"无缝连接"。

政府搭台引才模式，是政府在掌握人才流动规律及企业发展规律的基础上，通过特定政策的制定和执行，为企业人才引进提供良好的政策环境。政府搭台引才模式，不但可以充分利用北京地区的地缘优势和智力优势，又可以促进科技成果在北京落地转化，是一种充分发挥政府政策导向引导作用的人才集聚模式。调研显示，政府搭台引才模式，需要政府深入了解地区发展及企业发展的实际人才需求，强化政府的服务科技创新意识，不断创新和完善政策机制环境，为科技人才向企业集聚搭建沟通交流平台。

5. 政府派送智囊模式

政府派送智囊模式，是指政府通过特定方案、计划的制定和实施，为企业派送适当的科-技人才，支持科技人才以柔性方式为企业科技创新服务。广东的企业科技特派员模式与"百校千人万企"创新工程，就是政府根据企业需求，为企业派送"智囊"，从而实现企业柔性引智的有效模式。对于北京地区来说，这种模式可以充分利用北京地区的高校和科研院所资源优势，有利于促进北京地区的科技人才及成果向企业聚集转化。

【案例12】为增强广东企业自主创新能力和产业竞争力，提高国家重点建设高校和国家级科研机构服务地方经济社会发展能力，共同推动、深化省部产学研合作，"两部一省"从2007年即开始了企业科技特派员工作试点。2008年，"两部一省"在广东广州、东莞、佛山等地召开广东省教育部、科技部产学研结合工作高校座谈会，召集全国40所重点建设高校科技处长、人事处长，共同商讨、推进企业科技特派员行动计划。2008年6月，广东省启动了"省部企业科技特派员行动计划"，从全国近百所高校和科研院所中遴选了157名科技人员，作为第一批省部企业科技特派员，进驻154家广东企业开展技术创新和服务工作。科技人员派驻企业期间，其原职级、工资、福利均保留不变，工资、职务、职称晋升和岗位变动与派出单位在职人员同等对待。科技人员服务企业的工作业绩将作为评聘和晋升专业技术职称的重要依据。通过政府为企业派送科技人才的方式，广东省为企业派送了大量科技人才。

【案例13】针对北京市重点区域的科技需求，北京市科委组织实施了科技人员进企业行动，通过组织10个"科技人员进企业"服务小分队，动员2 000人以上的专家和科技人员深入企业开展服务，切实帮助企业解决技术、管理、人才培养、融资、技术转移、科技条件等方面的难题。2009年，北京300家科研院所、高校和科研机构的2 000多名专家和科技人员走进亦庄，直接到企业开展深度科技服务。

对于企业来说，政府派送智囊模式可以为规模小、引才难的中小企业解决"用智"的燃眉之急，有利于企业以柔性方式使用人才。对于人才来说，政府派送智囊模式有利于高校和科研院所的科技人才在深入企业的过程中了解市场、了解企业的实际科技需求，能有效促进高校、科研院所与企业之间的需求与技术对接。

调研显示，政府派送智囊模式需要政府充分了解企业的科技需求，并能有效调动起科技人才服务企业的积极性。为此，政府需要搭建政府与企业、政府与科技人才之间的信息交流与合作平台，并解决科技人才在被派送期间的一些后顾之忧。

二、科技人才流动影响因素分析

企业科技人才集聚机制的构建可从政府和企业两方面入手进行。一方面是企业科技人才吸纳机制的构建，这是企业从自身需求及自身现实条件出发对科技人才的主动吸纳，企业要遵循市场规律，把握人才需求，通过自身软硬件环境的打造吸引人才；另一方面则是从政府角度出发，通过政府科技政策和人才政策的制定和完善，不断降低科技人才向企业流动的人才流动成本，搭建科研单位与企业之间人才沟通合作的桥梁，为"产学研"合作提供信息交流的空间和平台，通过政策导向引导和促进科技人才向企业聚集。本书侧重于从完善政府政策体系这一角度出发，通过政府政策的制定来引导和促进科技人才向企业集聚。

本书认为，为帮助企业构建良好的科技人才吸纳机制，政府需要在掌握人才流动动因理论及人才流动成本理论基础上，深入了解北京地区科技人才流动的影响因素及阻碍科技人才向北京地区企业集聚的体制性障碍，挖掘北京地区现有政策体系中亟须提高的部分，通过政策环境机制的改善来增强北京地区企业的人才吸引力，促进科技人才向北京地区的企业集聚。

科技人才的流动乃至集聚是由社会发展的客观规律和人才自身发展的内在规律决定的社会现象。影响一个地区、一个行业以及一个单位科技人才流动的因素是多方面的。市场经济条件下，科技人才的流动及流向主要受市场供求以及宏观经济环境和政策环境（比如说，经济因素、地域因素、机制因素以及社会整体环境）的影响；另一方面，科技人才的流向亦受单位微观层面诸多因素（比如说，企业的经济状况、管理水平、领导魅力、企业文化氛围以及竞争机制）的影响。科技人才的价值观念也是影响科技人才流动不可忽视的重要因素。

总体说来，科技人才的流动受政府政策环境、社会经济环境、单位状况与科技人才意愿等综合作用的影响。其中，经济因素、地域因素、机制因素、环境因素、社会因素以及个人因素都是影响科技人才流动的重要因素。

1. 经济因素

经济因素是影响人才流动与集聚的首要因素。其中，薪金、医疗以及住房福利待遇等因素都是引发科技人才流动的经济驱动因素。经济因素不仅包括科技人才在职期间的现期收益，还包括股权、退休金等未来收益。

2. 地域因素

一个地区的政策与法规特点、经济发展水平、自然环境、社会文化氛围、生活成本以及消费水平这些地域因素都会影响科技人才的流动。另外，在某些地区，户籍制度成为影响高层次科技人才流动的重要因素。比如说，在北京地区，很多企业，尤其是中小企业，由于无法为人才解决户籍，使其不能吸引和留住科技人才。

3. 机制因素

评价机制和激励机制贯穿在科技人才选拔、培养、激励和淘汰的各个环节。科学、公正的评价和激励机制可以为科技人才的成长和发展提供良好的外部环境。评价与激励机制的合理与否会影响科技人才的流动。

4. 环境因素

用人单位能否为科技人才自我价值的实现提供展示平台，能否为科技人才提供良好的晋升空间和继续教育的机会，这些事关个人发展的环境因素对于科技人才，尤其是高层次科技人才的职业选择来说非常重要。如果一个企业没有良好的发展前景，或者科技人才在这个企业中的个人发展空间受到限制，就会造成科技人才的外流。

另外，科研氛围也是影响高层次科技人才流动的重要因素。科研氛围既包括单位的科研投入、实验室条件、科研团队人员素质以及科研自由度，也包括科技人才申请研究资金和项目的难易度等。此外，单位领导人的组织才能、管理才能以及处事风格等都构成了影响科技人才流动的环境因素。

5. 社会因素

工作的风险与收益比例以及职业的稳定性是科技人才在进行职业选择时考虑的重要因素，社会认可度对科技人才的职业选择也有着重要影响。另外，政府的政策导向在科技人才的集聚过程中也起着至关重要的作用。例如，政府的科研经费分配对科技人才的流向就有着重要影响。政府人事管理制度的改革、人才激励和评价制度的调整等政策导向因素也会影响人才流动的方向。

6. 个人因素

一般来说，科技人才在进行职业选择时，看重的因素包括"物质待遇""职业前途""能学到东西""工作环境"以及"与周围人相处融洽"等。但不同的科技人才在进行职业选择时看重的因素不尽相同。有的科技人才在进行职业选择时看重的是物质待遇，有的科技人才看重的是职业的发展空间，有的科技人才看重的是职业的稳定性等。另外，即使是同一科技人才，在不同的时间段，看重的因素亦有所不同。因此，针对科技人才的不同需求，企业应采取不同的吸纳模式。

三、小结

一般来说，科技人才会遵循市场规律，向发展前景好、工资福利待遇优厚的地区及单位流动。很多企业，尤其是民营中小企业，由于规模小、实力弱，在技术研发方面缺少必要的硬件设施和充足的资金支持，导致这些企业在引进科技人才，尤其是高层次创新型科技人才时难度较大。囿于这些企业发展阶段及研发条件等诸多因素的限制，很多企业也无力培养出高层次创新型科技人才。另外，北京地区高校、科研院所以及政府机关较多，企业相对来说对科技人才的吸引力并不强，所以，北京地区企业科技人才的集聚需要政府的政策引导和支持。

科技人才向企业聚集的典型模式包括科技人才创业模式、企业筑巢引凤模式、企业柔性引智模式、政府搭台引才模式以及政府派送智囊模式。在科技人才向企业集聚过程中，不同的人才集聚模式需要的政策支持有所不同，具体情况如表 3.2 所示。

表 3.2　企业科技人才集聚模式与政策需求

科技人才集聚模式	政策需求
科技人才创业模式	解决科技人才创业初始阶段的创业资金需求；解决创业人才因创业风险产生的失业、医疗以及养老等社会保障方面的后顾之忧
企业筑巢引凤模式	重点实验室以及研发中心等企业研发平台建设时需资金和政策支持
企业柔性引智模式	高校和科研院所的评价机制应多元化；科技人才供需信息交流平台建设；企业博士后培养政策倾斜；解决科技人才在柔性流动期间子女入学、配偶工作等方面的后顾之忧
政府搭台引才模式	建立企业人才需求信息库、北京市科技人才专家库和海外科技人才专家库；为企业提供引才的外部政策环境
政府派送智囊模式	建立企业人才需求信息库、北京市科技人才专家库和海外科技人才专家库；科技人才的激励模式多样化；解决科技人才在被派送期间子女入学、配偶工作等方面的后顾之忧

在科技人才吸纳机制的构建和完善过程中，政府作为政策的制定者，要在掌握科技人才集聚机理和企业实际用人需求的基础之上，充分发挥政府政策的激励和引导作用，根据不同类型企业科技人才集聚模式的不同及科技人才自身特点的不同，为科技人才向企业聚集创造良好的政策环境。

北京市应在明确首都城市功能定位和未来产业发展方向的基础上，不断推进制度改革与机制创新，将企业科技人才队伍建设与北京市人才工作，尤其是与即将开展的中关村人才特区建设工作结合起来，将企业科技人才队伍建设与战略性新兴产业的发展以及创新型城市的建设工作结合起来，充分利用首都地区的地缘优势和人才优势，通过政府政策的制定和引导，着力解决北京地区企业，尤其是符合北京地区未来产业发展方向企业的引才难问题，增强这些企业的科技人才吸引力，通过科技人才集聚效应的发挥，提高这些企业的技术创新能力，最终实现北京地区的产业升级。

　　由于本章所述诸多因素的综合影响，北京地区企业的科技人才吸引力并不强。这些不利因素的破除，一方面需要企业不断改善自身的环境、为科技人才提供好的待遇及发展空间；另一方面，也需要政府科技人才相关政策的支持和引导，降低科技人才流动过程中的人才流动成本。因此，有必要对北京市的科技人才相关政策进行梳理和分析，并找到其中有待进一步提高和完善的部分。

第四章 作为创新要素载体的科技成果向企业转化之模式与机制

北京充分利用了首都大院大所、高等院校和高新技术企业密集的特点，在充分发挥人才高地的地缘优势基础上，不断加强首都产学研创新资源的整合与交流。通过将科技成果转化项目列入重点科技计划、政府采购、促进产学研结合、建设技术交易市场、建立科技园区、创业园区与孵化基地等方式，大力促进科技成果的落地转化，逐步探索建立起了具有北京特色的科技成果向企业转化的模式与机制。

一、模式分析

不同的政治、经济、科技体制下，会产生不同的科技成果转化模式。即使在同一地区，也可能因机构类型特点、科技成果特征等因素的差异，而导致存在多种类型的科技成果转化模式。

根据科技成果转化推动主体的不同，北京的科技成果转化大致可分为企业自主进行的科技成果转化、科研单位推进的科技成果转化、科技人才主导的科技成果转化以及以政府和中介推动的科技成果转化等多种模式。

1. 企业自主进行的科技成果转化

传统意义上的创新与研发往往是在高校或科研院所的实验室里进行，随着科技、经济的不断发展，企业的自主创新意识不断增强，企业自主进行的科技成果转化数量逐渐增多，类型也逐步多样化。企业自主进行转化的一条途径是依靠自身的研发实力，自主开发具有知识产权的科技成果，并自主向市场推广与应用。这种模式主要是指企业建立研究院或研究中心进行研发，并在企业内部实现科技成果的转化。这种途径的优势是，企业可以依靠自身研究能力，根据企业发展需要及企业运营过程中遇到的问题确定研发重点，研发的成果也能很快运用到企业的技术进步中去，有着紧密围绕企业需求、及时反映市场变化的特点。

企业还可以与大学、科研院所等研发机构或其他企业共同研究开发科技成果，通过产学研合作，形成新产品与新技术，也可以委托科研院所或高校进行研发，通过引进购买技术成果与服务的形式来满足企业自身发展的技术需求。这一途径的优势是，企业、研发机构等科技成果参与方职责分工明确、优势互补，可以实现参与方之间的互惠互利。企业在技术引进后，自主进行后续开发实验，也属于企业自主转化的一种模式。另外，企业还可以通过吸引风险投资或通过二板市场融资来促进科技成果转化。[①] 当前，企业自主进行科技成果转化，已成为北京地区科技成果转化的重要模式。

2. 科研单位推进的科技成果转化

以高校、科研院所和企业研究机构为代表的科研单位，作为基础性创新和应用技术的起点，在科技成果转化链条中一直处于"上游"的位置。科研单位推进科技成果转化主要采取两种基本模式：一是通过技术授权或转让，使技术得以转化，并在这一授权或转让过程中获取一定的经济利益；二是衍生企业模式，即通过科研单位自主创办企业，推动科技成果转化，包括科研单位自创科技企业、建立高校或院所科技园、成立工程研究中心等方式。建立大

---

① 潘峰，田雄. 中小企业科技成果转化的模式研究 [J]. 当代经济，2006 (3)：65-66.

型的产学研基地也是科研单位主导的科技成果转化模式。本部分以清华大学和中科院的科技成果转化模式为例，分析科研单位推进的科技成果转化模式的特点。

（1）清华大学的科技成果转化模式

作为我国著名的研究型教育教学机构，清华大学积极探索促进科技成果转化的途径和方法，逐渐形成了一个开放的技术转移体系和具有清华特色的科技成果转化模式。2014 年，清华大学成立了技术转移研究院，建立了战略性风险投资基金。2015 年成立了校地合作办公室，并控股成立了华控技术转移公司，以推动科技成果的转化。2015 年，清华大学在借鉴国外知名大学技术许可办公室运行模式基础上，成立了成果与知识产权管理办公室，统一领导学校知识产权和技术转移工作。2015 年 12 月，清华大学出台了《清华大学科技成果评估、处置与利益分配办法（试行）》，明确了成果转化的决策机制、奖励机制，以推动科技成果顺利转化。①

清华大学的科技成果转化模式包括与地方政府合作、与行业和企业合作、开展国际合作以及自办创业园等方式，具体情况如下：

① 加强校地科技合作，服务区域发展。

在科技成果转化方面，清华大学已与国内 28 个省市自治区、87 个地级市签订了科研开发、人才培养等全面合作协议；在经济发展活跃的珠三角、长三角、环渤海等地区，先后与当地政府共建了深圳清华大学研究院、北京清华工业开发研究院、河北清华发展研究院和浙江清华长三角研究院；与江苏常州、安徽马鞍山、浙江上虞、天津塘沽、内蒙古鄂尔多斯、湖南长沙等 17 个城市或城区在清华科技开发部共建了产学研合作办公室；还分别与一些省市合作，设立了广东清华科技创业基金、云南清华科技合作基金、鞍山清华研发种子基金等 6 个科技开发基金。其中，深圳清华大学研究院是由深圳市政府和清华大学共同建立的"产学研"相融合的实体，深圳清华大学研究院历经16 年发展，建立了高效的科技创新孵化体系，形成了独特的科技金融结合模式，探索出了一条协同创新的发展道路，在取得创新成果的同时，也取得了

① 吴艳、李雪. 清华大学：创新体制，促进专利转化［N］. 中国知识产权报，2016-09-14.

良好的社会效益和经济效益。研究院累计孵化科技企业 600 多家，创办和投资 180 多家，其中上市 15 家。2011 年，在孵企业总销售额超过 260 亿元。研究院建立起贯穿"技术项目—创业企业—成长企业—成功企业"的全方位孵化模式，从单个企业孵化发展到产业链条孵化。研究院在美国硅谷创建了的"北美创新中心"，在英国牛津大学设立了"欧洲创新中心"，这些创新中心主要从事国际技术转移、国际企业孵化和海外人才引进。

② 与行业和企业合作，促进科技成果转化。

1995 年，清华大学成立了清华大学与企业合作委员会，成员企业已达 184 家，涵盖电力、石油、冶金、化工、信息、机械等国家重点发展领域，成员企业与清华的科研合作项目达数百个；清华还与国内外企业联合建立了 90 多个研究机构，发挥各自优势，加快技术创新。

③ 开展国际技术转移，促使技术走向国际市场。

2001 年，清华大学成立了国际技术转移中心，组织国外科技资源的消化吸收再创新，并与国内外产业界对接。中心先后与俄罗斯、美国、德国等多个国家的有关机构建立了合作关系。例如，组织了对俄罗斯"超低剂量 X 线人体安检机"的消化吸收再创新，将国际技术嫁接到国内企业，并成功返销回俄罗斯，获得经济效益和社会效益双丰收。

④ 通过创建高科技企业，促进产学研结合。

清华大学自改革开放后利用自身的科技和人才优势，逐步兴办一批高科技企业，近年来，在加强规范管理的基础上保持良好效益。2008 年，清华控股有限公司所投资企业的经营总收入达 264.97 亿元、利润总额 8.44 亿元，这些企业委托校内各院系研发项目的经费约占全校横向科研经费的 1/3，直接推动了产学研的有机结合。

⑤ 创办清华科技园区，促进科技成果转化。

清华科技园是清华大学加速科技成果向生产力转化，促进产学研合作的重要基地。科技园自 1994 年创立创建以来，累计吸引和孵化企业 1 000 余家，年专利申请量超过 3 000 件，获批准专利近 1 500 件，主园区企业年研发投入超过 30 亿元，销售收入超过 400 亿元，成为名副其实的创业企业孵化基地、创新人才培育基地、科技成果转化基地。[①]

（2）中国科学院的科技成果转化模式

为了促进研究成果的落地转化，中国科学院（以下简称中科院）实施了知识创新工程。中科院积极搭建科技成果转移转化平台和桥梁，包括创建产业技术创新与育成中心、中介型中心、科技园、研究所级科技成果转移转化中心等。同时，中科院积极鼓励和支持研究所发挥自身创新成果和科技人才优势，结合社会资源共同创办高技术企业。

为促进自身科技成果落地转化，多年来，中科院在体制机制方面不断进行完善。2016 年，中科院出台了《中国科学院关于新时期加快促进科技成果转移转化指导意见》，对科技成果转移转化中的一些问题提出了指导性意见，包括将科技成果使用、处置和收益管理权利下放给院属单位，中科院不再审批与备案，科技成果转移转化所获得的收入全部留归单位等。此外，中国科学院联合科技部制定了《中国科学院科技人员离岗创业管理暂行办法》《中国科学院领导人员兼职和科技成果转化激励管理办法》等政策文件，在科技成果转化收益分配、离岗创业人员管理、研究所绩效考核等方面做了详细规定，有力推动了中科院的科技成果转化工作，有效激发了科研人员投身"双创"的积极性。[②]2016 年，为进一步加快促进科技成果转移转化，中科院启动了"促进科技成果转移转化专项行动"，设立了 5 亿元的科技成果转移转化专项基金，在五大方面确定了 25 项重点任务，旨在"十三五"期间探索有效促进科技成果转移转化的体制机制，使相关科技成果转化能力显著增强、转化效率显著提升。[③]

体制机制的创新，使中科院的科技成果转化取得了良好的经济效益和社会效益。1998 年至 2009 年，中科院院所投资企业累计实现销售收入约 10 858 亿元，利润总额达 523 亿元。[④]"十二五"期间，中科院院所投资企业实现营业收入累计 1.5 万亿元，利税总额超过 800 亿元；院属科研机构孵化科技型企

① 新闻.清华积极探索科技成果转化的多种模式［EB/OL］.清华新闻网，2009-12-22.
② 白春礼.加速科技成果转化　推动科技供给侧改革［N］.学习时报，2017-02-13.
③ 程盈琪.中科院启动促进科技成果转移转化专项行动［EB/OL］.中国日报网，2016-03-31.
④ 吴晶晶.中科院科技成果转移转化成效显著［EB/OL］.新华网，2011-02-06.

业 307 家, 创造就业岗位 1.6 万个[①]。仅 2016 年, 中科院全年科技成果转移转化项目为社会企业当年新增销售收入 3 831.43 亿元, 比上年增加 273.2 亿元, 增长率 7.68%[②]。

【案例 1】中科院物理所研究的锂离子蓄电池是院所推动科技成果转化的成功案例。当初这项技术的基础研发都已经成熟了, 就是苦于没有资金来做产业化的投资。何祚庥推荐给柳传志, 柳传志在苏州投资建厂。中国科学院物理所锂离子蓄电池研究是从基础研究开始的。在转向应用研究和开发研究阶段, 有时还要回到基础研究的高度, 来回答或解决应用研究和开发研究中所遇到的难题。在锂离子蓄电池研究中, 最为安全可靠而又价廉物美的正极材料是磷酸铁锂。但是磷酸铁锂却是导电性能极差的材料。如果要使用这种安全而价廉的材料, 就必须让它"改性"。最后是实验家请了理论物理学家来帮忙, 用量子力学的密度泛函方法, 对磷酸铁锂在"掺杂"后, 引起能带结构的变化进行了计算, 再由实验学家们找到了"改性"的办法。其结果是, 磷酸铁锂的电导率上升 8 到 9 个数量级。

【案例 2】中科院理化所研发的一种环保胶水, 实验室中生产几十公斤后, 显示胶水的抗氧化性、牢结度等指标均很好。嘉兴中心把胶水的生产量放大到半吨后, 这些胶水被应用到嘉善县的一家工厂。企业在使用中发现, 使用这种胶水时, 产品黏合的时间从 15 分钟增加到 45 分钟, 严重影响了企业的生产进度。随后, 通过进一步改进, 产品才真正开始顺利进入市场。这个成果假如没有经过中心的工程化过程, 直接被企业引进, 那么失败的风险就会全部由企业承担, 现在有了中心这个"桥梁", 企业从中心引进新成果的风险就大大被降低了。

3. 科技人才主导的科技成果转化

在科技成果转化过程中, 每一个阶段都有不同岗位的工作人员在发挥不同的作用。比如, 在原始性成果形成中科研人员就发挥了极其重要的作用,

---

① 赵竹青. "十二五"中科院科技成果转化为企业增收 1.5 万亿 [EB/OL]. 人民网—科技频道, 2016-01-15.

② 白国龙, 董瑞丰. 增收超 3000 亿元 中科院 2016 年科技成果转化显成效 [N]. 新华社, 2017-03-29.

但是在中试研究过程中，工程技术人员功劳最大，而在规模化生产和商业化运作中，经营管理人员发挥着重要作用。高校、科研院所科技人员自带研发的具有自主知识产权的成果，可直接兴办高新技术产业或是以技术入股方式加入公司，自主实施转化并形成生产力。李彦宏和刘迎建的创业都属于科技人才通过创业实现科技成果转化的典型案例。

【案例3】李彦宏1999年回国，并在2000年创业成立了百度公司。2001年，李彦宏被评选为"中国十大创业新锐"。在李彦宏的领导下，百度不仅拥有全球最优秀的搜索引擎技术团队，同时也拥有国内最优秀的管理团队、产品设计、开发和维护团队；在商业模式方面，也同样具有开创性，对中国企业分享互联网成果起到了积极推动作用。百度公司强调自主研发在企业未来发展中的作用，将每年营业收入的1/3用在技术研发上，并注重创新型科技人才的引进。百度建立了中国互联网第一个博士后工作站，并成立了新的搜索引擎研发中心。目前，该公司已成为全球最大的中文搜索网站，并拥有2 000多名工程师。

【案例4】1998年，拥有实用手写体汉字识别专利的刘迎建创立了技术创新型企业——北京汉王科技有限公司（即汉王科技股份有限公司的前身），成为众多下海创业专家中的一员。从中科院实验室里走出来的刘迎建，经过十几年的努力，一步一步地把汉王带入了快速发展的轨道：2002年，销售额1.13亿元；2003年，1.5亿元；2004年，超过2亿元。

4. 政府助力推广的科技成果转化

政府助力推广的科技成果转化模式，主要是利用行政渠道，将科技成果转化项目列入国家级、省级科技计划及政府指导下的科技中介、科技服务体系，通过政府采购、搭建合作平台等方式，借助行政力量实现的科技成果转化。在这一过程中，政府在科技成果的"发现—评价—培育—推进"四个环节助力科技成果的研发、落地与市场化。

（1）将科技成果转化项目列入政府重点科技计划

通过将具有创新性的科技成果纳入"高新技术成果转化项目"或"海淀区重大科技成果转化项目"等政府性支持计划，资助科技成果的顺利转化，是政府支持科技成果转化的重要途径之一。

【案例5】北京市科委连续8年支持基于通信的列车控制系统（CBTC）的研发、示范应用和产业化，充分体现了政府在科技成果转化过程中的作用。这个项目走过了从科技研发到产业化的全路径，形成了"关键核心技术研发—科技成果产生—原理样机研制—现场试验放大—工程化开发—示范运营—产业化"的完整链条。在技术创新链条的不同阶段，北京市科委积极探索不同的项目组织形式。在技术研发阶段，由北京交通大学牵头，组织技术试验单位和控制设备生产单位，开展关键核心技术研发；在中试阶段，由北京市地铁运营公司牵头，组织科研单位和相关企业，加快研发成果向中试试验转化；在示范运营阶段，由北京轨道交通建设管理公司牵头，组织科研单位和用户单位，推动CBTC系统在示范工程中的应用。

（2）通过政府采购或设立政府基金促科技成果转化

通过政府采购促进科技成果转化，是世界通行的以市场拉动激励企业技术创新的有效政策工具[①]。近年来，北京市通过政府采购，支持具有自主产权、涉及重大民生问题的科技成果顺利转化，取得了一定的经济效益和社会效益。北京市科委将绿色制版项目纳入重大科技项目，支持1 300万元科技经费开展制版耗材关键技术研发和中试线建设，大大提高了绿色制版项目落地转化的进程。通过政府基金的设立撬动科技成果转化和产业化，也是政府助力科技成果转化的重要模式。

【案例6】2009年9月，由生物芯片北京国家工程研究中心与中国人民解放军总医院合作研发的九项遗传性耳聋基因检测试剂盒（微阵列芯片法）获得国家食品药品监督管理总局（CFDA）颁发的医疗器械注册证书，成为国内外首个经政府监管部门批准用于临床的遗传性耳聋基因检测芯片。北京市通过政府采购，支持耳聋基因筛查技术的转化与应用，2011年就陆续推广对新生儿和听力残疾人群的九项遗传性耳聋基因免费筛查工作。五年来，在北京完成了100余万新生儿筛查，直接避免了两万多名儿童及其家庭成员成为残疾人。

【案例7】海淀区着力创新政府财政资金使用方式，围绕创新链完善资金

---

① 增加政府采购促进科技成果转化［N］．中华工商时报，2017-03-10.

链，联合各级部门、驻区高校院所、高科技企业、专业投资机构等主体，设立四种模式的市场化基金，引导和撬动广大社会资本参与科技创新和产业发展。截至目前，全区累计设立各类母基金、参股基金30余支，政府出资近20亿元，带动社会投资140余亿元，财政资金使用效益放大了10倍，初步形成了涵盖各类创新创业投资主体，面向创新创业不同成长阶段的广覆盖、全链条、多模式、高精准的市场化基金体系，有力促进了科技成果转移转化和重点战略性新兴产业培育，为加快推进大众创业、万众创新提供了强有力的支撑。

（3）政府搭建平台促科技成果转化

2007年，北京市科学技术委员会为培育北京设计企业的成长，提高企业的自主创新能力，促进科技成果转化水平，针对科技成果产业化过程中设计创新需求，启动了"设计创新提升计划"。"设计创新提升计划"包括：设计对接示范工程和设计咨询诊断工程。一是通过支持具有典型意义的设计企业与生产制造企业对接，以企业的核心技术为基础，以设计为方法整合相关技术与艺术表现的结合，研发设计出适合使用者需求，具有市场竞争力的商品，达到对企业设计创新加以引导，树立经典，形成示范的目的。二是组织国内外设计专家形成咨询诊断顾问团，为制造企业设计创新进行"把脉"，开具"药方"。方法是联合北京各区县政府、行业协会发现企业需求，同时组织设计机构、研究院所、高等院校深入企业开展调研，发现问题，并向企业提出设计解决方案。[①]

【案例8】在市科委的协调和推动下，中科院化学所、联想投资、联想控股等单位在怀柔区雁栖经济开发区共同注册成立了中科纳新印刷技术有限公司，作为科技成果转化实体，建立产业化基地，保证了资金需求，补充了市场经验。

【案例9】2011年，北京市科委主任推动北大方正集团、北人印刷机械股份公司两家公司在印刷软件及设备领域与中科纳新的合作，协调引导区县政

---

① 设计创新将科技成果转化为现实生产力［EB/OL］．千龙网，2008-07-04.

府帮助建设标准厂房，为科技成果转化提供了基础设施条件。

5. 中介机构参与的科技成果转化

技术产权交易所、生产力促进中心、创业服务中心等中介机构是科技成果转化中介服务体系的主体。这些科技成果转化的服务性中介机构能够提供成果的评估、市场咨询、相关政策法规的服务和技术咨询等职能，为科研机构提供成果的成熟程度、市场的需求状况、成果的价值咨询和判断。科技成果转化中介机构是助力打通科技成果转化不顺畅流通的桥梁环节，是中介机构参与科技成果转化的重要途径。另一方面，这些中介机构能向企业提供相关新技术的咨询服务，为企业和科研单位建立战略联盟牵线搭桥，为科技成果转化提供渠道。科技中介和科技服务在科技成果转化中起着越来越重要的作用，发展潜力巨大。中介机构参与的科技成果转化有多种形式，具体如下：

（1）通过技术转移服务联盟促进科技成果转化

技术转移服务联盟可以完善技术创新体系，促进技术转移，推动企业技术创新和科技成果转化，是构建创新型国家的重要举措。北京市科委构建了北京技术转移创新服务体系，北京技术转移服务联盟是北京技术转移创新服务体系的重要组成部分。

【案例 10】北京技术转移服务联盟自 2003 年 8 月成立以来，经过初创期的资源积累和探索期的业务实践，取得了长足的进步。联盟积极探索技术转移服务模式和联盟发展机制，现已初步建成以现代信息技术为支撑的集约化、网络化、规范化、信息化、协同化的技术转移服务联合体，促进了科技成果转化和地方资源的优化配置，为企业技术创新提供了有力保障，推动了地方科技产业和经济的发展，成为北京地区创新活动和科技产业化的一支重要力量。联盟成员从 17 家发展到近百家，业务量大幅增长。据不完全统计，2006年联盟成员共促成技术交易额 11.15 亿元，技术服务收入 5 600 万元。

（2）通过技术市场搭建科技成果转化平台

技术市场是促进科技成果转化和产业化的重要渠道，是科技成果转化系统的重要媒介，是科研院所、高校和企业之间合作的纽带和桥梁，是实现科技资源配置、促进产学研合作、加快高新技术产业化、培育发展战略性新兴产业的重要途径。^①技术交易市场在促进北京地区的科技成果转化方面做出了重要的贡献。北京市向其他国家和地区输出技术快速增长。2010年，北京技术进口合同1 359项，成交额197.1亿元，比上年下降31.3%；2010年，北京输出到其他省区市的技术合同成交额为654.8亿元，比上年增长31.4%。其中，现代交通、电子信息、节能环保和新能源领域成交额分别占38.4%、18.9%、10.5%和9.4%，为外省市产业结构优化升级提供了强劲的支撑服务。

【案例11】"十一五"期间，北京技术市场成为推动环渤海区域经济社会发展的重要引擎。"十一五"期间，环渤海地区（北京市除外）吸纳北京技术由90.5亿元增加到253.3亿元，增长1.8倍，年平均增长速度29.3%，高于长三角地区和珠三角地区吸纳北京技术的速度。例如，"十一五"期间，山西省、河北省和内蒙古自治区吸纳北京技术分别达145.5亿元、220.6亿元和173.5亿元。技术要素的快速流动，实现了北京研发创新和环渤海产业发展的高度融合，培育了区域经济发展的新增长点，加快了区域经济的协调发展，有利于形成创新驱动的首都经济圈。北京的高新技术不但向国内其他区域输出，还逐步向国际化方向发展，技术主要出口到美国、印度、菲律宾、伊朗等近70个国家和地区，为全球科技创新发展做出了重要的贡献。

（3）科技企业孵化器模式

科技企业孵化器是以促进科技成果转化、培养高新技术企业为宗旨的服务载体与平台，分为政府主导、科研院所主办和企业运作三种类型。科技企业孵化器作为科技成果转化和人才创业的重要平台，是科技成果转化的重要模式。科技企业孵化器通过搭建链接科研机构、科技人员和企业的平台，为孵化企业提供合作关系和要素，通过孵化器这个平台，将人、财、物、管理等创新资源高度聚集到在孵企业，使科技成果成为有效进入工业化生产的产品。科技企业孵化器在科技成果转化过程中起到平台和桥梁的作用。为充分发挥科技企业孵化器对科技成果转化的推动作用，科技部通过国家级科技企业孵化器的认定，以政策支持推动科技企业孵化器的发展。

北京区的科技企业孵化器数量众多，类型多样，既包括数量众多的国家

---

① 闫傲霜.技术市场：科技成果转化的重要渠道［J］.中国科技奖励，2011（9）：18-19.

级科技企业孵化器，还包括众多小型科技企业孵化器。中关村创业大街就是科技企业孵化器的一种。自 2014 年 6 月 12 日中关村创业大街开街以来，日均孵化创业企业 1.6 家。2014 年，北京创投融资规模达 69.72 亿美元，创投案例 639 例，居全国首位；中关村创业大街平均每天有一家企业获得融资，平均每家企业融资 500 万元。[①] 截至 2016 年 12 月，这条中国首个规模化聚集创新创业要素的街区已累计孵化 1 581 个创业项目，平均每天孵化 1.7 个创业项目。[②]

北京地区的科技企业孵化器不仅服务于北京的科技资源及创新成果在北京落地转化，还推动了北京的科技成果向海外发展。比如北京瀚海智业投资管理集团、中关村科技园海淀园创业服务中心、北京普天德胜科技孵化器有限公司、中关村科技园区丰台园科技创业服务中心等，都是北京地区科技企业孵化器向国际化发展的代表。

（4）通过风险投资促进科技成果转化

风险投资能降低科技成果转化的风险系数，并能催生科技成果的转化。风险投资机构通过对处于产业发展初期的中小型科技企业提供资金和经营管理的支持，通过金融服务、管理服务和市场营销服务，旨在获得科技成果转化后的高资本收益。风险投资是科技成果转化的催化剂，大大分散了科技成果转化过程中的风险。风险投资通过对有转化前景和经济效益的项目的资助和服务，满足科技成果转化过程中巨大的资金需求，加快推动科技成果走向市场，缩短了产品的转化周期，并通过将新兴企业推销上市，从而加速了科技成果转化进程，为科技成果转化的顺利进行提供资金动力。

二、机制分析

科技成果转化机制是指企业、科研机构、高校及政府之间的联合创新，是将科技成果转化为现实生产力，最终实现科技成果产业化的合作机制。从

---

① 北京"双创"实施意见发布 2017 年建成全国高端核心区 [N].北京晨报，2015-10-22.
② 孙奇茹.北京：中关村创业大街日均孵化 1.7 个项目 [N].北京日报，2017-02-21.

宏观上看，科技成果转化是一个由科技供给系统、科技转化系统、科技需求系统和科技环境系统构成的大系统，维持其良性运行要求建立健全相关的动力机制、收益分配机制、约束机制、激励机制、调控机制等。

科技成果向企业集聚的过程，就是科技成果向现实生产力转化的过程。这是一个复杂的系统工程，是科技成果从理论证明到实践应用的跳跃过程，这个过程是发挥科技成果价值的重要环节。一般来说包括三个阶段：第一阶段是高校或科研机构孵化新知识和新技术的阶段，即原始创新及原始性成果产出阶段；第二阶段则是政府、高校、企业、中介乃至个人有效合作进行推进转化阶段；第三阶段是科技成果真正实现产业化的生产阶段。可以说，科技成果转化是科技成果由产出到逐步完善成熟，以适应科技成果的产品化和产业化的过程。

完整的科技成果转化链条需要政策、资金、人才、技术等创新要素资源的不断投入，并需要良好的机制环境将各种要素资源有机配置在一起。健全、完善的科技成果转化机制是科技成果有效转化的重要前提。比如，科技成果转化对融资机制的要求就比较高。一般情况下，科技成果转化通常要经历研发、中试、产业化三个阶段，这三个阶段对投资的需求并不相同。根据国内外经验估算，这三个阶段投入的资金比例通常是 1:10:100。① 如果融资机制不完善，在科技成果转化链上某一环节不能筹集到所需要的资金，成果转化就会受到阻碍。另外，在科技成果转化链条上，越往产业化端移动，科技成果转化需要投入的资金量越多，就更需要配套相应的融资机制。

科技成果转化的链条，可大致划分为创造和提供科技成果的"供体"（研发机构）、接纳并物化科技成果的"受体"（物质生产企业）以及沟通供求双方关系的"媒体"（中介）等三大环节。② 在这一链条环节中，某一环节内部或环节之间的链接状态出现问题，便会使得整个科技成果转化链条的运行不协调。因此，打通科技成果转化整个链条中的各环节，清理阻碍科技成果顺

---

① 张舵，蔡玉高，陈钢. 加快科技成果转化调查之三：延长中试投入"供血链"，提高科技成果"孵化力"［EB/OL］. 新华网，2012.08.27.

② 史永铭. 科技成果转化的障碍与对策思考［J］. 湘潮月刊，2007（3）：5-8.

利转化的体制机制障碍，增强科技成果转化的动力系统建设就显得尤其必要。

科技成果转化的动力机制是指在市场经济条件下，不同的行为主体为追求经济效益和社会效益的最大化，驱动社会资源向有利于科技成果转化的方向集聚，从而促进科技成果转化和产业化的动态过程。[①] 科技成果转化的动力因素可分为内在动力和外在动力。在高度市场化的国家，市场是科技成果产生和转化的原发驱动力，并受政府政策、社会文化、制度环境的综合影响。有研究显示，现阶段我国科技成果转化的动力主要来自三个方面：知识积累提供的支撑力、市场需求提供的拉动力和政府引导的调控力。因此，在科技成果研发之初科研项目立项的合理与否，是影响该项科技成果能否顺利转化的重要因素之一。而市场是否需要该项科技成果及其支撑下的产品，该项产品能否顺利市场化，也是影响科技成果转化的重要因素。而政府在科技成果转化全链条的政策支持与服务，更是科技成果能否顺利转化的重要保障。因此，如果想增强科技成果转化的动力机制，就要从科研项目成立初衷的合理性、市场需求的拉动、政府的政策保障与科技人才积极性的调动等不同的方面进行。

1. 科技成果转化过程中政府作用分析

当今世界，随着现代科技对经济发展的关键作用越来越显著，无论发展中国家还是发达国家，政府对各自国家科技成果的研发和顺利转化所进行的宏观调控和引导管理作用都在增强。在市场经济条件下，市场成为推动科技成果转化的主要力量。但由于我国当前的经济体制尚处于转型期，企业市场化经营的意识较弱，市场化运作机制和管理体制缺陷较多，科技成果转化仍需要政府的参与和推动。

政府在科技成果转化和推广过程中发挥着宏观调控与引导的作用。一方面，政府通过政策引导，为科技成果转化提供政策法规与公共服务；政府还通过财政投入，比如通过税收调节、支持自主创新产品的采购等发挥作用。另一方面，在科技成果转化的过程中，政府的作用还体现在对科技成果转化主体以及科技成果转化市场及创新氛围的培育方面。以美国政府在科技政策作

---

① 徐辉，王忠郴．科技成果转化动力机制分析及其优化 [J]．企业经济，2007（11）：26-28.

用方面的导向作用为例，1980 年美国颁布了《贝杜法案》后，联邦政府将知识产权所有权转移给了大学，此举极大地促进了美国大学科技成果的转化，形成了"硅谷""128 公路"等一批以高校智力资源为依托的高技术产业新城，同时催生了斯坦福大学、麻省理工学院等一批世界一流大学。[①]

2. 科技成果转化过程中科研单位作用分析

在科技成果转化过程中，以高校和科研机构为代表的科研单位，是科技成果的供给主体，是科技成果转化为现实生产力的源泉和基础。

近年来，在国家有关部门的大力支持下，我国的高校及科研机构承担建设了一大批科技创新基地或平台，积极承担国家科技攻关计划、"863"计划、"973"计划、国家自然科学基金等一系列科研任务。科研单位的研发实力和自主创新能力大大增强，积淀了大量的科技成果和优秀人才，在为企业提供高水平科技成果方面的作用日益突出，科研单位服务企业创新的溢出效应越发明显。当前形势下，科研单位主要通过两种途径在科技成果转化中发挥作用。

一是通过创办企业的方式将研发成果转化出去。比如，1984 年，中国科学院计算技术研究所投资 20 万元，创办了联想控股有限公司。在 2009 年以前，联想控股有限公司由中科院通过国科控股持有 65% 的股份，成为科研单位成功进行科技成果转化的典范。这种模式近年来受到了国家的大力推崇。2015 年，中共中央办公厅、国务院办公厅印发了《深化科技体制改革实施方案》，允许高校人员带着科研成果并保留基本待遇下海。随后，各地方也相继出台鼓励研究机构科技人才离岗创业，比如北京的"京科九条""京校十条"等。

二是将自主研发的科研成果，通过技术交易、共同开发或委托合同的方式输出到企业，发挥科研机构创新成果的溢出效应。据统计，2016 年，全国技术合同成交额同比增长 15.97%，达到 11 407 亿元，首次突破了 1 万亿大关。从交易主体看，高校院所的技术供给积极性增强，成交技术合同数增幅达 21.78%。企业成为技术吸纳的主体，吸纳技术占交易总量的 76.91%。[②]

---

① 政策制约科技成果转化［EB/OL］. 仪器信息网，2010-03-14.

② 全国技术合同成交额首破万亿 近八成技术被企业吸纳［EB/OL］. 新华网，2017-02-21.

3. 科技成果转化过程中企业作用分析

在科技成果转化过程中，企业是科技成果转化和推广过程中的重要主体。企业可以通过发布技术需求信息或者委托技术交易中介机构，征集购买所需的科技成果或寻找技术合作伙伴，也可以通过与科研机构或其他企业技术合作，联合开展科技成果转化。

4. 科技成果转化过程中人才作用分析

鉴于技术，尤其是高端技术对科技人才的依附性，使得科技人才成为科技成果转化的重要主体。拥有尖锐的市场洞察力和慧眼识珠的辨识能力的科技人才，对于科技成果的顺利转化非常重要。另外，能认识和辨别到科技成果的重要性还不够，还要有人才懂得管理与经营，否则，再好的科技成果也将无法创造产值。

5. 科技成果转化过程中中介服务机构作用分析

在科技成果转化方面，中介结构的职能主要是信息交流功能、谈判功能、敦促买卖双方履行合约的职能以及技术服务功能。科技中介让经过中试的新产品通过样板市场的检验后，再转移到企业中去，就能有效解决投资者最关心的"技术成熟不成熟、产品有没有市场"这两个关键问题，并将极大降低企业投资开发新产品的风险。科技中介为推进技术流动，加快科技成果向现实生产力转化发挥了积极作用。目前，科技中介主要有科技部和各地科委成果推广机构、技术成果交易会、技术开发公司、大学科技园、创业园、孵化器、生产力促进中心等形式。它们存在于技术市场化全过程的各阶段，沟通了技术供给方与需求方的联系，是技术与经济结合的切入点，是技术进入市场的重要渠道，对于技术市场化的进程有很大的推动作用。

以北京市科委与北京市平谷区政府共建的具有中试功能的科技中介服务机构——"北京健康产业中试与孵化中心"为例，该中心通过开展技术集成、创新服务方式，以促进农产品深加工技术成果转化、构建新型农业技术转移体系为目标，探索建立了适应市场经济要求的科技中介服务的新模式。这种具有中试功能的科技中介服务机构，上承高校、科研院所，下接生产企业，把来自科研机构对农副产品加工的初试成果进行熟化、二次开发，缩短了科研成果与产业化之间的距离，解决技术与市场脱节和科研成果转化的制约因素，提高了科技成果的转化率。通过一系列产品的实物化表达，解决了制约科研成果产业化的因素；通过创新的生产性科技服务业，创立新型现代食品工业，从而带动种植业、养殖业的发展。"中试中心"的建立加速了科技成果转化，将科研院所的科技资源优势转化为地方经济发展的竞争优势，有效地发挥了科技资源的"溢出效益"。中心通过技术结构、市场结构的调整，提升了企业产品科技含量与市场竞争能力，培育了新的经济增长点。[①]

① 林耕.创新中介服务模式　破解科技成果转化难题——评北京中科前方生物技术研究所"中试中心"模式［J］.6·18博览，2016（11）.

第五章 推动创新要素向企业集聚的相关政策与措施——以北京为例

企业创新能力的缺乏与企业创新科技人才及创新成果的缺乏有着重要的关联，而企业科技人才及科技创新成果的缺乏与目前政策体系的不完善有着一定的关系。本章梳理了北京市近年来与企业科技人才发展及科技成果转化相关的政策措施，并试图找到其中存在的问题及有待提高的部分，这对于引导创新要素向企业流动具有重要的理论意义和现实意义。

一、与企业科技人才队伍建设相关的政策与措施

1. 加强企业科技人才队伍建设相关政策措施

近年来，北京市积极落实和充分利用了国家的各项科技人才发展政策，与此同时，北京市还制定和执行了适用于北京地区的科技人才激励、引进、流动以及培养政策，为促进北京地区科技人才的集聚和发展做出了重要贡献。北京市近年颁布的、与企业科技人才队伍建设相关的政策文件大致如表5.1所示。

表 5.1　北京市近年颁布的、与企业科技人才队伍建设相关政策文件

政策服务领域	具体政策名称（文号）	政策颁发部门
综合类	关于印发《北京市贯彻落实国家人事部等七部委〈新世纪百千万人才工程实施方案〉的实施意见》的通知（京人发〔2003〕15号）	北京市人事局、市科委等
	《中共北京市委北京市人民政府关于贯彻〈中共中央国务院关于进一步加强人才工作的决定〉的意见》（京发〔2004〕10号）	中共北京市委办公厅
	《关于加强自主创新人才队伍建设的若干政策措施》（京人发〔2006〕83号）	北京市人事局
	关于印发《北京市"十一五"时期人才规划》的通知（京人发〔2006〕70号）	北京市人事局
	《关于进一步加强高层次人才队伍建设的意见》（京办发〔2007〕13号）	北京市人事局
企业人才培养	《北京市鼓励和吸引科技人才从事农业开发和服务的若干规定》（京政农发〔2000〕90号）	北京市人事局
	《关于发挥首都高层次人才资源优势加强博士后工作的若干意见》（京政办发〔2004〕32号）	北京市人事局
	《北京市"新世纪百千万人才工程"培养经费资助办法（试行）》（京人发〔2004〕100号）	北京市人事局
	《北京市优秀人才培养资助实施办法（试行）》（京组通〔2005〕30号）	北京市委组织部
	《中共北京市委办公厅、北京市政府办公厅〈关于进一步加强高技能人才工作的实施意见〉的通知》（京办发〔2007〕14号）	中共北京市委办公厅、北京市政府办公厅
	《北京市科技新星计划管理办法》（京科人发〔2002〕595号）	北京市科委
	《关于加强国有企业高技能人才工作的意见》（京国资党发〔2008〕8号）	北京市国资委
	《关于实施"北京青年英才培养计划"进一步加强青年人才队伍建设的意见》（京团联发〔2008〕16号）	北京市委组织部、共青团等
	《关于进一步加强市属国有企业人才队伍建设的指导意见》（京国资党发〔2009〕9号）	北京市国资委

续表

政策服务领域	具体政策名称（文号）	政策颁发部门
企业人才引进	《北京市鼓励留学人员来京创业工作的若干规定》（京政发〔2000〕19 号）	北京市人民政府
	《中关村科技园区接收非北京生源高校毕业生办法》（北京市人民政府第 71 号）	北京市人民政府
	《北京市鼓励留学人员来京创业工作的若干规定实施办法》（京人发〔2001〕123 号）	北京市人事局
	关于印发《香港、澳门和台湾地区高级人才来京工作有关政策的实施意见》的通知（京人发〔2002〕141 号）	北京市人事局
	《关于来京投资企业高级管理人员子女在京上学问题的实施办法》（京经协办〔2002〕64 号）	北京市经委、市教委等
	《关于来京投资企业引进高级管理人员的实施办法》（京经协办〔2002〕64 号）	北京市经委
	《北京市教育委员会关于幼儿园、中小学接收来京投资、创业人员子女借读若干规定的通知》（京教基〔2003〕8 号）	北京市教委
	《中关村科技园区归国留学人员创业专项资金使用管理办法》（中科园人发〔2003〕2 号）	中关村科技园区管委会
	《关于引进外省市专业技术和管理人才、留学人员在京购房问题的通知》（京国土房屋市字〔2000〕第 48 号）	市国土资源局等
	《北京市吸引高级人才奖励管理规定》（京人发〔2005〕57 号）	北京市人事局
	《北京市吸引高级人才奖励管理规定实施办法》（京人发〔2005〕57 号）	北京市人事局、财政局
	北京市人民政府关于印发《北京市鼓励海外高层次人才来京创业和工作暂行办法》和《北京市促进留学人员来京创业和工作暂行办法》的通知（京政发〔2009〕14 号）	北京市人民政府
	《关于鼓励和吸引海外高层次人才来北京经济技术开发区创业和工作的意见（试行）》（京开党〔2009〕1 号）	北京市经济技术开发区工委
	《关于实施北京海外人才集聚工程的意见》（京办发〔2009〕11 号）	中共北京市委办公厅
	关于印发《中关村高端领军人才集聚工程实施细则》的通知（中科园发〔2010〕7 号）	中关村科技园区管委会

续表

政策 服务领域	具体政策名称（文号）	政策颁发部门
企业人才引进	《关于中关村国家自主创新示范区建设人才特区的若干意见》	中组部等
	《中关村国家自主创新示范区条例》（2010年市人大第12号）	北京市人大
企业人才激励	《北京市高级人才奖励管理规定》（京政办发〔2010〕40号）	北京市人保局、市财政局
	《北京市科学技术奖励办法》（〔2002〕市政发93号）	北京市政府
	《关于对软件企业高级人才专项奖励个人所得税有关政策问题的通知》（京财税〔2002〕448号）	北京市地税、市财政局
	《北京市人民政府关于设立首都杰出人才奖的决定》（京发〔2003〕29号）	北京市委、市政府
	《北京经济技术开发区"博大贡献奖"实施办法》（京开党〔2004〕27号）	北京开发区工委、管委会
	关于印发《关于完善市级人才表彰奖励工作的意见》的通知（京人发〔2006〕38号）	北京市人事局
	《北京经济技术开发区鼓励高级人才入区的规定》（京技管〔2006〕77号）	北京市经济技术开发区工委、管委会
	关于印发《北京市享受政府技师特殊津贴人员评选办法》的通知（京劳社培发〔2007〕207号）	北京市劳保局
	《关于中关村国家自主创新示范区人才公共租赁住房建设的若干意见》（中科园发〔2010〕50号）	中关村科技园区管委会、市委组织部等
企业人才评价	《北京市人事局关于深化职称改革试行社会化职称评审的意见》（京人发〔2003〕49号）	北京市人事局
	《关于企业推行首席技师制度的指导意见》（京劳社培发〔2007〕194号）	北京市劳保局
人才流动	《北京市人民政府关于健全和完善首都人才市场体系的意见》（京政发〔2004〕26号）	北京市政府

2. 促进科技人才向企业流动相关政策措施

早在20世纪80年代，我国就颁布和实施了引导和促进科技人才服务企业的相关政策。例如，1988年，国务院在《关于深化科技体制改革若干问题的决定》中指出，各级政府部门要充分发挥现有科技人员的作用，鼓励有计划地组织科技人员或支持科技人员调离、辞职、停薪留职、兼职等方式，创办、领办、承包、租赁中小企业和乡镇企业，或者到农村去进行有偿服务和技术经济承包。1994 年，国家科委、国家体改委颁布的《适应社会主义市场经济发展、深化科技体制改革实施要点》中提到，要综合运用国家政策和经济杠杆的调控作用，充实和加强重点行业、重点领域的科技力量，引导科技人员为加速中小企业、乡镇企业、农村贫困地区的科技进步贡献力量。《"科技北京"行动计划（2009—2012 年）》中也提出，要鼓励科研院所和高等院校的科技力量主动服务企业。

为增强企业科技人才吸引力，促进科技人才向企业聚集，北京市近几年颁布和实施了一些相关政策，这些具体政策和措施主要包括以下几个方面：

① 北京市通过人才政策的制定为企业的引才工作提供政策支持。例如，2000 年，北京市出台了《北京市鼓励和吸引科技人才从事农业开发和服务的若干规定》，规定了"科技人员受聘在郊区农业企业和其他农业经济组织工作期间完成的新技术成果，属于职务发明的可作价入股。从项目实施起，完成人可享有不高于 50% 的成果股权收益，成果转让时，完成人可享有不低于 20% 的转让收益"。该规定对服务于农业企业的科技人才，在职称评定和激励机制方面也给予了政策优惠。2004 年，北京市人事局颁布了《关于支持非公有制经济组织人才队伍建设的通知》，该通知明确规定，北京市非公有制企业引进人才可享受国企待遇，这在一定程度上增强了非公有制企业的科技人才吸引力。另外，2010 年颁布的《中关村国家自主创新示范区条例》，其中人才特区建设方案为中关村的人才引进和人才培养提供了良好的政策支持。

北京市人力社保局在 2010 年首次向全国发布了《北京市引进国内人才专项工作计划》。该计划指出，2011 年，人才引进工作将重点支持电子信息、新能源、新材料、汽车与装备制造、生物制药、文化创意六大产业。此外，北京市还将加大高端人才引进的公开招聘力度，将空缺岗位、紧缺岗位纳入北京市公开引进平台，由政府集中发布人才需求信息，通过集中公开招聘的形式，吸引具有真才实学的优秀科技创新人才来京工作。

② 北京市通过联盟建设和公共研发平台的建设，优化了企业的创新环境，这在一定程度上增强了这些企业的科技人才吸引力。另外，近年来，北京市

以科技孵化器、大学科技园为主体的创业服务体系也日益完善。

措施一：在公共研发平台建设方面，2009 年，北京市与中科院、清华大学、北京大学、中国建材科研总院、军事医学科学院等 12 家高校院所和大型企业合作共建了"首都科技条件平台研发实验服务基地"，整合高等院校、科研机构和大企业的科技资源，引入专业服务机构作为核心运营载体，以机制创新为核心，以市场化运作为手段，促进首都科技资源向社会开放共享，为企业特别是中小企业提供技术服务。目前，该服务基地已为 4 100 余家企业提供了研发实验服务，服务合同额达 4.5 亿元。随着首都科技平台科技资源的开放共享，北京地区的 423 个国家级、市级重点实验室和工程中心，1.8 万台（套）价值约 110 亿元的科技仪器设备，逐渐面向社会开放共享，这个平台为 6 300 多家企业提供研发实验服务，实现服务收入达 6.8 亿元。[①]

措施二：在联盟建设方面，北京市成立了"北京生产力促进服务联盟""首都研发实验服务联盟"等一批服务联盟，通过联盟向中小企业转移先进技术，这在一定程度上助推了中小企业的成长，也有利于这些企业招揽科技人才。截止到 2010 年，北京地区共有产业技术联盟 100 多家，形成了以联盟为载体、产学研用协同创新的局面。这些联盟既促进了科技成果向企业转化，也为科技人才在企业的发展提供了良好的外部环境。良好的技术创新环境增强了这些企业的科技人才吸引力。

③ 近年来，北京市通过政府资金的投入，为企业的技术创新提供资金支持，以资金导向引导科技人才向企业流动。比如说，中关村的"瞪羚计划"，就是通过政府的引导和推动来凝聚金融资源，构建高效、低成本的担保贷款通道，为科技人才提供良好的创业金融环境。为了通过资金导向引导科技人才流向，北京市实施了一些具体的措施。

措施一：北京市通过"中小型企业技术创新基金""北京市中小企业创业投资引导基金"的设置，优化了中小企业科技人才的技术创新创业环境，增强了这些中小企业的科技人才吸引力。据统计，2006—2009 年，北京市科技型中小企业技术创新资金累计对近 1 400 家科技型中小企业进行了立项支持，立

---

① 刘晓军．"科技北京"带动一批国家大项目在京落地［N］．科技日报，2010-08-26．

项金额达 5.1 亿元。科技型中小企业技术创新资金的实施，很好地发挥了政府投入对社会资金的带动作用，加速了科技成果的产业化，为创新创业型科技人才的发展提供了助力。例如，在政府资金投入导向上，中关村发展集团通过政府资金驱动科技创新，为引导科技人才向企业聚集提供资金保障。

措施二：为了促进企业对研发的重视，北京市自然科学基金和市科委"基础研究"专项资金以不低于 20% 的比例重点支持企业联合高校、科研院所在农业、环境与资源、能源、人口与健康等领域开展基础研究，在电子信息、生物医药、新材料、航空航天等领域开展前瞻性、先导性和探索性的前沿技术研究。

措施三：北京市计划从 2010 年起 5 年内，由市政府统筹安排 300 亿元资金，采用股权投资、直接补助等方式，支持重大科技成果转化和产业项目，这项政策为企业的科技创新和科技成果转化提供了资金支持，增强了受支持企业的科技人才吸引力。

④ 北京市通过政府采购实现企业技术创新和企业科技人才的创新价值。2009 年，北京市颁布了《关于进一步发挥我市政府采购政策功能的通知》以及《北京市自主创新产品政府首购和订购实施细则（试行）》，在全国率先推进政府采购自主创新产品试点政策，通过首购、订购、首台（套）重大技术装备试验和示范项目、推广应用等方式，带动企业加大创新投入，增强了企业对创新型科技人才的需求以及这些企业对科技人才的吸引力。

⑤ 北京市通过股权激励试点将企业的创新发展与科技人才的利益捆绑在一起，这种措施有利于企业吸引并留住科技人才。这一方面使得北京地区企业科技人才的科技创新有了利益驱动，另一方面也利于这些企业留住创新型科技人才。

北京市颁布的《北京市"十一五"时期科技发展与自主创新能力建设规划》中提到，"改革和完善企业分配和激励机制，允许国有高新技术企业对技术骨干和管理骨干实施期权等激励政策，将企业技术创新投入和创新能力建设作为国有企业负责人业绩考核的重要内容"。2010 年，北京市出台了《中关村国家自主创新示范区企业股权激励登记试行办法》，以股权激励方式为科技人才的科技创新提供利益驱动。仅中关村就有 198 家单位参与试点，其中央属单位 94 家，市属单位 104 家，已批准 31 家市属单位的股权激励试点方案并启动实施，此举有效地激发了企业科技人才的自主创新活力。2015 年，北京市人民政府办公室下发了《关于大力推进大众创业万众创新的实施意见》，强调了"双创"过程中人才的重要性，并给出了若干政策优惠。比如，对于海外人才，将在其创办企业时提供启动资金；推动出台外籍高层次人才取得永久居留资格程序便利化试点，完善医疗、住房等优惠措施；探索中央在京和市属高等学校、科研院所等事业单位聘用外籍人才的路径等。对于科技人员，将鼓励高等学校、科研院所增设科技成果转化岗位，允许拥有科技成果的教师和科技人员在一定期限内离开原岗位专职创办企业。

⑥ 北京市通过高新技术企业和企业技术中心的认定，鼓励和引导企业提高自主创新能力，这在一定程度上增强了这些企业的科技人才吸引力。2009 年 3 月，北京市颁布了《关于在当前形势下进一步做好我市高新技术企业认定及政策落实工作的通知》及《北京市认定企业技术中心管理办法》，对全市技术创新能力较强、创新业绩成效显著、具有重要示范和导向作用的企业技术中心予以认定，并给予相应的政策扶持。截止到 2009 年年底，北京市共累计认定 5 226 家高新技术企业，占全国认定总数的 22%，数量居全国首位。可以说，高新技术企业和企业技术中心的认定，提高了企业的社会地位以及企业从业人员的社会认同感，增强了这些企业的科技人才吸引力。

⑦ 北京市通过人才引进计划的制订为企业的引才工作提供了政策支持，例如，北京市通过海外人才集聚工程和中关村高聚工程等人才引进方案的制定和实施，为企业集聚了大批高层次科技人才。此外，留学人员海淀创业园也通过政策制定，为海外留学人员回国创新创业提供了良好的外部环境。

措施一：在吸引海外科技人才方面，北京先后建成了"北京市留学人员海淀创业园"等 12 家不同运作模式的留学人员创业园，初步建成了具有首都特色的留学人员创业基地网络。目前，创业园已成为引进、培养和发挥留学人员作用的重要载体，成为海外留学人员施展才华的创业基地。

作为市政府对留学人员表彰的最高奖项，"北京市留学人员创新创业特别贡献奖"（原"北京市留学人员创业奖"）每三年评选一次，对北京市经济社会发展做出突出贡献的留学人员给以奖励。自 2001 年以来，本市共评选出为首都经济社会发展做出突出贡献的留学人员 37 名，极大地调动了广大留学人员来京创业的积极性。

措施二：2009 年，北京市开始实施"海外人才聚集工程"。预期用 5 ～ 10 年时间，在市级重点创新项目、重点学科和重点实验室、市属高等院校、科研院所、医院、国有企业和商业金融机构及中关村科技园区、北京经济技术开发区等高新技术产业开发区，聚集 10 个由战略科学家领衔的研发团队；聚集 50 个左右由科技领军人才领衔的高科技创业团队；引进并有重点地支持 200 名左右海外高层次人才来京创新创业；建立 10 个海外高层次人才创新创业基地。北京海外人才聚集工程力图把北京市打造成为亚洲地区创新创业最为活跃以及科技人才向往的集聚地区。从 2009 年开始实施的"海聚工程"，到 2010 年 9 月，已经为北京聚揽并认定了海外高层次人才 129 人。以朝阳区在落实北京海外人才集聚工程中的做法为例，朝阳区以实施"凤凰计划"为抓手，建立了"1+1"的政策模式，在创业资金、办公用房、贷款担保、市场开拓、教育及医疗等方面给予国际人才以优惠和支持。

措施三：2009 年，北京市开展了中关村高端领军人才的认定工作。"高聚工程"预期用 2 ～ 3 年时间，聚集 3 ～ 5 个由战略科学家领衔的研发团队，分别建成具有国际一流水平的科学研究所（研究中心）；聚集 50 个左右由高端领军科技创新创业人才领衔的高科技创业团队；聚集 20 个左右由高端领军创业投资家和科技中介人才领衔的创业服务团队。北京市通过对高端领军人才的认定，提高了领军科技人才的待遇和地位，有利于中关村地区的企业聚集高端科技人才。

此外，2010 年北京市在中关村国家自主创新示范区范围内开展人才引进试点工作。该试点适用于列入中关村国家自主创新示范区"十百千工程"的相关企业，入选中央千人计划、北京市海聚工程、中关村高聚工程的高层次人才创办的企业，中关村国家自主创新示范区核心区高新技术企业和海淀区重点企业。人才引进试点工作实现了引进人才范围和条件上的突破，同时还建立了以能力、业绩为导向的引进人才综合评价体系，突出了重贡献、重能力、重业绩、重潜力的人才要素，坚持"唯才是举"的特点，把年薪收入、个人所得税作为评价标准之一。该试点为中关村地区企业的引才工作给予了政策支持。据统计，截止到 2010 年年底，已引进人才 741 人，其中高层管理人才 147 人，骨干技术人才 516 人，35 岁及以下的引进人才有 126 人。引进人才拥有各类专利 278 项，其中核心专利技术 60 项。此外，中关村国家自主创新示范区还在公开引进平台集中发布 854 个高端人才空缺岗位，涵盖高新技术、现代制造、文化创意、科教文卫等多个重点领域。人才引进试点工作为中关村企业招揽人才提供了良好的平台。

2011 年，中关村启动实施了人才特区发展计划，意在率先确立中关村人才优先发展战略布局，以人才引领科技创新，以科技推动产业发展，以产业聚集人才资源，形成人才、科技、产业协同发展的格局。中关村人才特区发展计划建立起了支持科技人才创新创业的机制，为科技人才的发展创造了良好的政策环境。在人才聚集方面，截至 2011 年 4 月末，中关村示范区共有科技活动人员 27.8 万人，占从业人员比例为 26.6%，比 2 月末和 3 月末分别高出 0.9 个和 0.5 个百分点，高出规模以上工业企业 18.5 个百分点。其中"国高新"企业吸引人才优势明显，拥有科技活动人员 25.1 万人，占示范区科技活动人员的 90.3%，占从业人员比例为 33.8%，高出示范区平均水平 7.2 个百分点。同时，由于中关村人才聚集效应的发挥，中关村企业用于科技活动的经费支出也显示增长态势，与其他行业相比，中关村示范区在自主创新方面优势明显。2011 年 1 月—4 月，中关村示范区企业内部用于科技活动的经费支出约 170 亿元，比上年同期增长 18.7%。其中"国高新"企业内部用于科技活动的经费支出约 147 亿元，占示范区总支出的 86.5%。同时，2011 年前 4 个月，中关村示范区获得发明专利授权 1 956 件，比上年同期增加 296 件。[①]

⑧ 北京市出台了鼓励企业以柔性引智方式促进科技人才服务企业的相关政策。

措施一：为了深入落实《关于动员广大科技人员服务企业的意见》，推动科技人员服务企业，北京市实施了"科技人员进企业'十百千'行动"，重点针对企业在技术指导、政策辅导、成果推广等 10 个方面的需求，组织 300 家以上的高校院所和科技服务机构，动员 2 000 人以上的专家和科技人员，深

---

① 张晓东．中关村人才特区新政效应开始显现［N］．北京商报，2011-07-18.

入企业开展服务，帮助企业破解发展难题。科技人员进企业"十百千"行动主要围绕北京经济技术开发区、中关村科技园区、顺义临空经济区、通州光机电一体化产业基地等重点区域的科技需求，组织专家和科技人员深入企业，围绕工业设计服务、产业技术指导、政策宣传辅导、科技成果推广、科技人才培育、创业投资对接、科技咨询对接、科技条件资源对接、技术转移服务促进、科技资源招商十方面提供服务。

措施二：2009 年，北京市科协在企业建立了"院士专家工作站"，使高层次科技人才以柔性的方式为企业服务。通过企业博士后工作站的设置，企业吸纳了一大批高层次科技人才。这些政策措施在一定程度上均有利于促进科技人才向企业聚集。

⑨ 近几年，北京市加强了对企业科技人才的奖励和支持力度，这为企业招揽了一批优秀科技人才。2001 年，北京市政府发布的《北京市软件企业高级人才专项奖励管理暂行办法》规定，北京软件企业中年薪超过 10 万元的管理人员或技术人员可享受退税的优惠政策，可以用已上缴的税金来支付房款和车款。这种针对软件企业高级人才的奖励办法属于对企业科技人才的培养和激励。2005 年，《北京市高级人才奖励管理规定》明确指出，鼓励各类高级人才在京创业工作，对于本市重点发展领域的高级人才按照对首都经济社会发展贡献程度给予政府奖励。在《关于北京市高级人才奖励管理规定的通知》中，有六类人才被定性为"高级人才"。这六类人才中，有四类人才分布在企业，这可以看出北京市对企业高级人才的重视。

另外，北京市通过政策房支持为企业吸引和留住了部分科技人才。例如，亦庄开发区为开发区企业职工配建公共租赁住房，构建了政府、企业、员工"三位一体"的公共租赁住房建设管理新模式，这为企业科技人才的稳定起到了重要作用。海淀园也为企业人才提供了短期的周转性租赁住房。海淀园首批参与人才租赁住房配租的都是入选中关村"十百千工程"企业和"瞪羚计划"企业中的高级人才。选择配租企业的四项指标，分别是上年度销售收入、销售收入增长率、纳税额和员工人数，对四项指标进行加权打分，按得分从高到低对"十百千工程"企业和"瞪羚计划"企业分别排序，以此作为配租选房顺序。①2015 年，申请的企业要求为中关村"十百千工程"重点培育企业或 2014—2015 年度海淀区重点企业及主板上市企业。目前，园区还可以解决部分创业团队的公共租赁住房配租需求。

3. 相关政策措施体系中有待提高的部分

近年来，北京市颁布和落实了一系列与企业科技人才发展相关的政策措施。从实践上来看，这些政策的确产生了良好的社会效果。一方面，这些政策有利于企业建立广泛的社会联系，有利于提高企业的社会地位。另一方面，这些政策措施也有利于科学知识及技能向企业的传播，在一定程度上提高了企业的创新能力和市场竞争力，为科技人才以及创新资源向企业集聚提供了良好的政策支持。比如，自 1999 年实施高新技术产业人才引进政策以来，北京市围绕战略性新兴产业的发展，相继引进了国内外各类高层次人才 3.5 万人，有力地促进了首都科技创新、技术改造以及产业升级，弥补了部分学科和产业高端人才的短缺状况。

在企业科技人才培养和引进方面，北京市积极出台并落实了诸多科技和人才政策，以支持北京地区高层次、创新型科技人才的引进和培养。同时，北京市也越来越重视企业的科技人才队伍建设。近年来，依托国家火炬计划、863 计划、新世纪百千万人才工程等一系列科技人才培养方案和人才发展计划，北京市选拔和培养了一批企业学科带头人，促进了企业科技人才科研水平的提高。北京市科技新星计划和领军人才计划也为企业科技人才的培养提供了政策支持。

可以说，在政府各项科技政策和人才政策的激励和引导下，北京已形成了较为合理的企业科技人才培养体系、企业科技人才激励体系、企业科技人才评价体系和企业科技人才管理体系。在政府政策的支持和引导下，北京地区企业科技人才数量逐年稳步增长，企业科技人才的创新能力明显提高。

近年来，政府的政策导向作用在科技人才流动和集聚过程中产生了重要影响，为企业创新型科技人才的引进、发展以及企业创新能力的提高创造了良好的政策环境。在这些科技政策和人才政策的支持和引导下，北京地区企

---

① 蒋梦惟，杨宏伟 . 北京海淀首批人才租赁房交钥匙［N］. 北京商报，2011-05-30.

业科技人才数量不断增加。但与发达国家,甚至国内部分地区相比,北京地区企业科技人才数量及占科技人才总数的比重并不高,企业高层次、创新型科技人才仍旧比较缺乏。这种情况的出现与北京地区的产业特点、社会环境以及政府政策体系的不完善有着一定的关系。

目前,在科技政策和人才政策方面,北京市可从以下几个方面进一步完善和提高:

① 北京市实施的科技新星、领军人才等人才培养方案对企业支持力度有待进一步提高。以北京市实施的新星计划为例,近年来,新星计划年平均7%~8%的份额在企业,其他份额都落在了高校、科研院所与事业单位。这种情况与企业的技术创新主体地位明显不相符,也忽视了对企业科技人才的培养。今后,北京市的科技人才培养方案和培养计划可适度向企业倾斜。此外,工程技术人才也有待于被列入新星计划的资助范围,这需要在新星评选标准和审核标准方面有所创新。另外,北京市目前实施的各项引才、培养人才工程中,面向高端人才的比例较多,今后应更加重视科技人才队伍梯队建设。

② 北京市在利用中央在京单位科技人才资源为企业服务方面存在着进一步挖掘的空间。可通过政策的制定和执行鼓励北京地区企业建立科技人才的柔性引智模式和机制,吸引北京地区的高校、科研院所为企业的科技创新提供服务。

③ 北京市的科技人才评价和激励机制形式有待进一步多样化。目前实施的股权激励政策仅在中关村部分地区实施,且在现实运作中相关内容仍需逐步完善。另外,江苏省对人才资助力度的加大使其近几年吸引了大批科技人才,这种通过政府导向和资金引导激励科技人才为企业服务的做法值得北京借鉴。

④ 北京市关于中小企业科技企业引才工作的政策体系有待进一步完善。政府对于中小企业,尤其是北京地区数量较多的创新型企业的人才引进扶持力度需要增强。

⑤ 改革开放后,北京顺应全国形势发展,在相当范围内消除了计划经济时代阻止科技人才流动的因素,基本实现了科技人才的自由流动。但北京地区远未建立一个科技人才流动的正常环境,在人才流动过程中仍存在着体制

性羁绊，比如户籍、身份、编制以及医疗保险等因素。另外，在吸引和利用国际人才为企业服务方面，北京地区也仍存在着诸多障碍。此外，在大院大所较多的北京地区，高层次科技人才向企业集聚的观念性障碍也比较多。北京市应通过政策的制定和完善逐步取消这些制约人才流动的各种障碍。

⑥ 北京市在扶持留学人员创业方面仍需加强。目前，留学回国人员难以通过个人或企业信用得到贷款来解决创立企业的资金缺口，也难以得到风险投资和民间资金的支持。此外，目前在引进外国专家的工作中，还存在引进渠道狭窄、引进手段单一、政策配套滞后、服务环境不完善等问题。在引进海外科技人才数量、质量及引进渠道等方面，北京市仍有进一步提升的空间。

⑦ 近几年，北京市通过政策房和保障房的建设，在一定程度上为企业吸引并稳住了一部分科技人才。但是，北京市政策性保障房的支持范围有待扩展，对企业和人才要求的门槛仍有待降低，针对中小企业科技人才的政策房支持力度有待进一步提高。另外，部分针对企业的政策保障房存在着离工作区域较远、生活配套不完善、租金偏高等问题，在满足实际生活需求方面仍有待进一步完善。

二、促进科技成果向企业转化政策和措施分析

科技成果转化是一项综合性的系统工程，需要政府多层次、全方面地协调促进。近年来，北京市越来越重视科技成果转化工作，并在政策上、体制上、机制上和投入上给予了极大的支持，逐步完善了科技成果转化的保障体系。

1. 促进科技成果向企业转化的政策保障

为促进和保障北京市科技成果的顺利转化，近年来，北京市颁布实施了一系列促进科技成果转化的相关政策措施，具体如表 5.2 所示。

表 5.2 近年来北京市颁布的促进科技成果转化的相关政策措施

政策服务领域	具体政策名称（文号）	政策颁发部门
促进科技成果转化	《北京市关于促进科技成果转化若干规定的实施办法》（京政办发〔1999〕74 号）	北京市政府办公厅

续表

政策 服务领域	具体政策名称（文号）	政策颁发部门
促进科技成果 转化	《关于印发北京市支持高新技术成果转化项目等税收政策实施办法的通知》（京地税企〔2001〕694号）	北京市地税局
	《北京市关于进一步促进高技术产业发展的若干规定》（京政发〔2001〕38号）	北京市 人民政府
	关于印发《北京市技术合同认定登记管理办法》的通知（京科政发〔2002〕622号）	北京市科委等
	《北京市关于促进科技条件共享的若干意见（试行）》（京科发〔2007〕2号）	北京市科委
	《北京市鼓励企业与高校、科研院所进行产学研合作的若干意见》（京科高发〔2007〕138号）	北京市科委等
	《中关村国家自主创新示范区重大科技成果转化和产业化股权投资暂行办法》（京科发〔2009〕574号）	北京市科委
	《中共北京市委北京市人民政府关于建设中关村国家自主创新示范区的若干意见》（京发〔2009〕11号）	中共北京市委、 北京市人民政府
	《北京市人民政府关于进一步加大统筹力度支持高技术产业发展的若干意见》（京政发〔2011〕73号）	北京市人民 政府
	《北京市重大科技成果转化和产业项目统筹资金股权投资管理暂行办法》（京财国贸〔2011〕664号）	北京市财政局等
	《北京市人民政府关于进一步促进科技成果转化和产业化的指导意见》（京政发〔2011〕12号）	北京市人民 政府
	《北京市高新技术成果转化项目认定办法》（京科发〔2012〕329号）	北京市科委
	《北京市人民政府关于强化企业技术创新主体地位全面提升企业创新能力的意见》（京政发〔2013〕28号）	北京市人民 政府
	《北京市人民政府办公厅关于印发加快推进高等学校科技成果转化和科技协同创新的若干意见（试行）的通知》（京政办发〔2014〕3号）	北京市政府 办公厅
	北京市人民政府办公厅关于印发《加快推进科研机构科技成果转化和产业化的若干意见（试行）》的通知（京政办发〔2014〕35号）	北京市政府 办公厅
	《关于进一步创新体制机制加快全国科技创新中心建设的意见》（京发〔2014〕17号）	中共北京市委、 北京市人民政府

政策 服务领域	具体政策名称（文号）	政策颁发部门
促进科技成果转化	《北京市鼓励企业设立科技研究开发机构实施办法》（京科发〔2014〕312 号）	北京市科委
	《关于大力推进大众创业万众创新的实施意见》（京政发〔2015〕49 号）	北京市人民政府
	《北京市关于推动科技金融创新支持科学研究机构科技成果转化和产业化的实施办法》（京金融〔2015〕80 号）	北京市金融局等
	《北京市促进科技成果转移转化行动方案》（京政办发〔2016〕50 号）	北京市人民政府办公厅
	《北京市人民政府办公厅关于加强首都科技条件平台建设进一步促进重大科研基础设施和大型科研仪器向社会开放的实施意见》（京政办发〔2016〕34 号）	北京市人民政府办公厅

为贯彻《中华人民共和国促进科技成果转化法》和科技部等部门《关于促进科技成果转化的若干规定》，1999 年北京市出台了《北京市关于促进科技成果转化若干规定的实施办法》（以下简称《实施办法》），针对北京地区的科技成果转化做出了规定。该实施办法规定，"国有、集体企业可在二次开发项目实现的税后利润中提取不高于 10% 的比例，奖励在二次开发中做出主要贡献的科技人员"。《实施办法》规定科技成果完成人个人所得的股份及出资比例，暂不缴纳个人所得税。该政策又明确规定了"采用股份形式奖励职务科技成果完成人和实施人，在企业登记注册或改制时，由具备专业评估资格的评估机构对科技成果的价值进行评估作价，凡由政府全额资助形成的高新技术成果，其作价需经国有资产管理部门确认"。这一文件的颁布实施为北京市的科技成果转化工作提供了方向的引领。

近年来，北京市陆续出台了一系列促进科技成果转化的具体政策，如《北京市关于进一步促进高技术产业发展的若干规定》（2001）、《北京市高新技术成果转化项目认定办法》（2001）、《北京市鼓励企业与高校、科研院所进行产学研合作的若干意见》（2007）、《北京市关于促进科技条件共享的若干意见》（2007）、《北京大额技术合同审定管理办法（试行）》（2012）等，这些政策规定对科技成果转化的实施主体、条件等给予了引导和支持。

北京市还通过股权激励、项目统筹、税收优惠等方式，提高创新要素中各方参与科技成果转化的积极性。2009 年，北京市科委下发了《中关村国家自主创新示范区重大科技成果转化和产业化股权投资暂行办法》，提出设立重大科技成果转化和产业化投资专项资金，在中关村国家自主创新示范区开展试点，以股权激励方式，支持重大科技成果在京转化和产业化。2010 年，北京市在全国率先建立了重大科技成果转化和产业项目统筹工作机制。2011 年，北京市出台了《北京市支持高新技术成果转化项目等税收政策实施办法》，率先对企业研发投入的增量部分实行 150% 的加计扣除；并对个人从事技术转让、技术开发和与之相关的技术咨询、技术服务所取得的收入，免征营业税。

2011 年，北京市颁布了《北京市人民政府关于进一步促进科技成果转化和产业化的指导意见》，从深化先行先试的创新试点、发挥政府主导作用创新机制与模式、发挥市场基础作用营造市场环境、加强统筹协调完善组织保障四个方面提出了 25 项政策措施，为促进科技成果转化和产业化提供了有力的政策保障，将北京市科技成果转化模式与机制环境的分析研究提高到了重要的战略地位。2013 年，北京市出台了《北京市重大科技成果转化和产业化项目资金统筹机制工作规则（试行）》《北京市重大科技成果转化和产业项目统筹资金管理工作细则》《北京经济技术开发区重大科技成果转化和产业项目资金统筹管理办法》等相关管理办法，对于重大科技成果和产业项目的资金统筹管理机制进行了规定。

为促进科研机构的科技成果能顺利向企业转化，近年来，北京市出台了促进科研机构和高校创新要素集聚的若干政策措施。2014 年，北京市审议通过了"京科九条"——《加快推进科研机构科技成果转化和产业化的若干意见（试行）》，全面盘活北京的人、财、物，最大限度激发科技创新的活力。"京科九条"共涉及 9 方面具体实施政策，将进一步深化科技体制改革和产学研用协同创新，加快科研机构科技成果转化和产业化，提高科研机构服务首都经济社会发展能力，不断强化北京作为全国科技创新中心的城市战略定位。同年，北京市政府对外发布《加快推进高等学校科技成果转化和科技协同创新若干意见（试行）》（被称为"京校十条"），根据这份意见，北京地区高校科技成果转让的审批权将从市级下沉到高校一级，高校可自主对科技成果的合作实施、技术转让、对外投资和实施许可等科技成果转化事项进行审批，主管部门和财政部门将对高校科技成果转化实行备案管理。而成果转化利益分配用于科研团队奖励或转化人员奖励的比例，从过去 20% 以上大幅调高到 70% 以上。

2015 年，北京市政府发布《关于大力推进大众创业万众创新的实施意见》，其中明确规定，2017 年北京要成为全国高端创新创业的核心区和发源地，2020 年成为具有全球影响力的创新创业地区，并探索事业单位聘用外籍人才的路径，吸引海外人才来京创业。2016 年 12 月，北京市政府发布了《北京市促进科技成果转移转化行动方案》，从汇集发布科技成果信息、释放创新主体科技成果转移转化活力、激发科技人员科技成果转移转化动力、强化科技成果转移转化市场化服务、建设科技成果中间性试验与产业化载体、强化央地协同推动科技成果转移转化、促进科技成果跨区域转移转化、推动科技型创新创业快速发展、建设科技成果转移转化人才队伍、健全科技成果转移转化多元化资金支持体系 10 个方面提出了 36 项重点任务。任务按照成果信息发布、释放创新主体活力、搭建中试与产业化载体平台、优化人才队伍、完善资金支持等创新链条进行设计，体现科技成果转移转化的规律。

2. 促进科技成果向企业转化的相关措施

近年来，北京市充分发挥政府的引导和调控作用，通过规划引导、政策集成、组织协调、资金支持、搭建平台、示范应用等方式，成为科技成果转化的支持者、组织者和推动者。《北京市国民经济和社会发展第十二个五年规划纲要》明确指出，未来五年北京市政府将加大政策、资金等投入力度，支持科技成果转化。北京市将健全重大科技成果发现、筛选机制，建立重大项目落地协调服务的市区联动机制，支持建设重大项目投融资平台和产业化基地。为加强北京的科技成果转化工作，北京建立了主管市领导牵头、相关部门参加的联席会议制度，形成了"市联席会议——审核工作小组——对接重大专项牵头部门"三级组织管理体系；在全国省级科技部门首家设立了"重大专项办公室"；制定发布《国家科技重大专项配套管理办法》，加强在北京转化和产业化项目的配套支持；筛选并推动一批重大科技成果在北京落地转化。[①]
促进科技成果向企业转化的具体措施如下：

（1）成立相关机构推动科技成果转化

早在 1990 年，北京市就成立了北京技术市场管理办公室，负责北京地区
技术市场的管理、监督工作。为加强对试验区 5 600 余家新技术企业的综合服
务与指导，加速科技成果转化，1997 年，北京市成立了新技术产业开发试验
区管理委员会，统一协调高新技术产业发展。2002 年，北京市成立了高新技
术成果转化服务中心，这个中心是北京市政府设立的为北京市高新技术企业
和北京市高新技术成果转化项目提供"一站式"服务的机构，负责本市高新
技术成果转化项目的受理、组织评审和对外公布工作，同时协调落实市政府
支持高新技术成果转化项目的有关政策。2011 年 1 月，来自 15 个国家和地区
的 45 家技术转移和创新服务机构在北京联合发起成立了"国际技术转移协作
网络（ITTN）"。2011 年 4 月，在"2011 年跨国技术转移北京论坛"上，北京
市科委与意大利创新技术推广署签署合作协议，在北京联合建设中意技术转
移中心。[②]北京市通过与国外共建组织机构等方式，推动了北京的科技成果转
化逐步向国际化方向发展。

（2）加强对科技成果转化的投入保障

为加强对北京科技成果转化的投入保障，近年来，北京市不断创新投入
方式，带动社会资金投入，加快科技成果转化和产业化；深入推进股权投资方
式，建立了多项成果转化扶植周转基金，并启动建立了风险投资基金机制；探
索政府资金使用新模式，通过完善投入保障机制，支持和促进重大科技成果
的转化和产业化。

2009 年年底，北京市采用科技资金股权投资方式，支持国能风力发电有
限公司研发大功率垂直轴风力发电设备，成为全市首个政府科技资金股权投
资项目。自 2010 年起 5 年内，北京市政府统筹安排 300 亿元重大科技成果转

① 闫傲霜.科技成果转化"北京模式"的探索与实践 [J].中国科技产业，2010（12）：58-62.
② 刘晓军，张佳星.政府牵线协作网络　北京亮出跨国技术转移路线图 [N].科技日报，2011-
04-15.

化和产业项目资金，在全国率先提出以科技资金入股的方式支持企业。当企业走向成果时，政府股份按照原值退出，再用来支持其他企业的创新活动。①《北京市国民经济和社会发展第十二个五年规划纲要》提出，"十二五"期间，北京市政府将加大政策、资金等投入力度，支持科技成果转化。政府将通过国有资本有序进退，引导国有资本承接重大科技成果转化。北京市统筹了500亿元财政资金，支持国家科技重大专项、科技基础设施和重大科技成果产业化项目，完善政府采购自主创新产品相关制度，不断扩大采购比重和范围，5年采购总额超过300亿元。另外，北京市还注重政府资金以市场化方式支持科技成果转化，从以直接补贴、贷款贴息等投入为主向支持发展创投基金、创投引导基金、股权投资基金等转变，发挥好政府投资的引导放大作用，提高资金使用效率。北京市还将扶持引导民营资本参与创新成果转化，围绕城市应急、交通管理、环境治理、安全生产等关键问题，组织开展关键技术应用和示范工程，实施100个以上重点示范应用项目，实现100项重大科技成果产业化。②

2012年，航天科工与北京市联合发起科技成果转化创业投资基金，基金紧密围绕军民融合、科技成果转化的投资方向，积极开拓物联网、平安城市、智能交通、智能电网、信息安全等重点业务领域的项目投资，还将借助创业投资优势，发挥产业孵化功能，积极推动科技成果转化和军民融合。③

2014年，北京市科委对参与科技成果转化项目中首轮融资的32家创业投资机构给予了小额财政资金奖励，组建了全国第一个面向科技成果早期项目的"前孵化"运营平台，引导财政资金牵头成立"天使投资母基金"，通过组建的北京首都科技发展集团与北大等技术源头单位、深创投等金融资本、用友等产业资本及区县政府等四类主体合作，目前已经成立了6支子基金，重点投资相应主体内的重大科技创新和科技成果转化项目。2015年，北京还设立了"北京市科技成果转化创业投资引导基金"，与国家的科技成果转化引导

① 闫傲霜. 科技成果转化"北京模式"的探索与实践［J］. 中国科技产业，2010（12）：58-62.
② 张舵，黄海. 北京将加大政府投入力度支持科技成果转化［N/OL］. 新华网，2011-01-18.
③ 航天科工军民融合科技成果转化创投基金成立［N/OL］. 北京市科学技术委员会门户网站，2013-01-05.

基金联动。[①]

（3）促进中央创新资源在北京落地转化

北京科技成果转化的主要措施包括承接中国科学院科技成果在北京转化、促进央企科技成果在京落地转化、推动北京地区高校科研成果在北京落地转化等。为加强央地共建创新平台工作力度，北京市搭建了首都创新资源平台，推进中关村"1+6"先行先试政策。北京市加快推进"中关村科学城"建设，形成产学研用相结合、军民融合、产业集群等创新发展模式，加快建设"未来科技城"，形成人才创新创业基地和研发机构集群。

2010年9月，中关村科学城项目开始启动，中关村示范区加强规划和产业研究，开展了产业链分析，研究制定了特色产业规划，聚集了一批重大项目，逐步引导产业链上下游企业入驻和重点项目落地。2011年7月，中关村科学城第三批启动建设项目中，北京市政府与北京大学、中国气象局等8家单位签署合作协议，29项具有国内先进水平的重大产业化项目落户北京。比如，北京林业大学研发人造板新型胶粘剂的团队负责人表示，该团队研发出的新型胶粘剂基本实现无甲醛，符合欧洲最高级的家具环保标准——欧洲E0级。这项技术在去年获得了国家发明二等奖。北京林业大学将把这项技术在北京实现产业化，投资5亿元，预计年产值将达到10亿元。[②]

2010年以来，北京市不断加强对中央单位的服务，促进中央单位的重大科技成果在京转化，重点包括三个方面：一是不断深化与中国科学院的科技合作，推动液态金属芯片散热器等一批重大科技成果在京落户建设；二是落实北京市政府与9个国防科技工业集团公司签署的战略合作框架协议，在医疗器械、先进装备制造等方面开展军民两用技术研发和转移；三是采用成果入股、风险投资等方式推动中央转制院所、在京央企和高校重大科技成果转化项目落地北京。[③]

---

① 郑金武.北京成立科技成果转化引导基金［N］.中国科学报.2015-01-19.

② 董长青.29项重大科技成果产业化项目落户北京［N］.北京日报，2011-07-08.

③ 张舵.25个中央企业院校重大科技成果转化项目落户北京［N/OL］.新华网，2010-10-26.

（4）完善科技成果转化支撑服务平台建立

为推动科技成果在北京的落地转化，北京市政府建立了推动科技成果转化的支撑服务体系，利用星火计划、火炬计划、工业技术振兴计划、社会发展科技计划和重大科技成果转化计划来促进科技成果的转化。

为促进科技成果转化，北京市还深入推进各类创新服务平台建设，深化产业共性技术创新服务平台、科技成果产业化情报系统、科技成果转化的信息数据平台建设，推进北京市服务中央单位和驻京部队综合服务平台科技成果转化服务分平台建设以及重点产业和新兴产业领域的科技成果转化平台建设，为科技成果转化和产业化做好支撑和服务。

北京的科技成果转化支撑平台建设包括建设科技成果产业化情报系统，启动建设"生物医药领域成果转化与承接平台"，发挥技术市场作为科技成果转化主渠道的作用，推动"中国技术交易所"和"北京国家技术交易中心"在北京的落户建设等。①

为服务首都的科技成果转化，北京市科委在全国率先成立了"首都科技成果产业化公共服务平台"，成为全国唯一一家由政府牵头组建的专注于科技成果转化的"政府红娘"。②

2009 年，北京市政府联合中国科学院、军事医学科学院、北京科技大学等 12 家开放科技资源过亿元的高校院所，共建首都科技条件平台研发实验服务基地，探索出促进共享首都科技资源、共同发展的"北京模式"。平台建设当年，就取得了"政府投入一元钱，带动 130 元社会科技资源"的良好效果。即，本市投入 5 800 万元，撬动了约 76.3 亿元科技资源，促成了 264 个国家及北京市重点实验室和工程中心、13 112 台（套）仪器设备向社会开放，4 100 多家企业从中受益。③作为北京市首个由政府推动成立的综合性、公益性科技服务平台，该平台面向包括中央在京科研单位、高等学校和驻京部队科研单位在内的社会各类主体的科技成果产业化需求，提供包括政策、技术、

① 北京市科学技术委员会.探索之旅：科技成果转化的"北京模式"［M］.北京科学技术出版社，2013.

② 刘晓军.北京组建科技成果产业化公共服务平台［N］.科技日报，2010-09-26.

③ 徐飞鹏，刘淇.发挥科技条件平台作用 加快科研成果产业化［N］.北京日报，2010-03-16.

法律、金融等方面的服务。平台针对当前科技成果转化过程中服务环节薄弱的现实，针对科技成果从研发到成品及产业化应用的各环节，提出包括科技政策咨询、科技成果评估等10余项服务，形成了科技成果产业化服务的完整链条。

作为科技成果转化、产业化的重要渠道，北京的技术市场在促进技术与产业融合发展方面发挥了重大作用。据统计，2014年，北京市吸纳全国战略性新兴产业技术合同40 431项、成交额达1 020.1亿元，分别占全国的16.6%和14.3%。技术市场推动了电子信息、新能源与高效节能、生物医药和医疗器械等新兴产业快速发展，吸纳技术合同成交额分别增长24.3%、25.7%和13.1%。[1]2016年度全国技术合同交易数据显示，2016年，北京市技术合同成交数为74 965项，成交额3 940.8亿元，其中技术交易额为2 919.26亿元，以突出成绩位居全国技术合同交易省市榜首。经过多年的探索，北京技术市场形成了具有自身特色的服务模式，即：需求导向——服务于经济社会发展和产业优化升级的需求；促进创新——服务区域创新能力提升；配置资源——促进科技资源的优化配置和高效集成。[2]

为促进北京地区的科技成果转化工作的顺利进行，北京市建立了"重大科技成果项目池"，创新成果跟踪评价机制，积极组织在京国家技术转移示范机构、重点中央院所、重点行业大型国有科技企业集团等申报北京重大产业化统筹项目，使"重大科技成果项目池"成为政府发现、分析、跟踪与新兴产业发展有关的重大项目的重要渠道。2011年，"重大科技成果项目池"成功推荐了10个培育项目，涵盖应急安防、轨道交通和电力等符合首都经济发展需要的技术领域。[3]

（5）着力进行战略性新兴产业科技成果转化基地建设

为进一步推进科技成果转化工作，北京聚焦北部研发服务和高新技术产业发展带以及南部高技术制造业和战略性新兴产业发展带，开展了新兴产业

---

①　郑金武.北京技术市场蓄势建设创新中心［N］.中国科学报，2015-04-14.

②　闫傲霜.技术市场：科技成果转化的重要渠道［N］.科技日报，2011-07-01.

③　晏燕.避免在"最后一公里"抛锚——北京市技术市场发展探索与思考［N］.科技日报，2012-05-26.

基地建设工作。2012 年 7 月 19 日，北京市科委发布了《北京市战略性新兴产业科技成果转化基地认定管理办法》，旨在为北京市战略性新兴产业建设和认定一批科技成果转化基地，加快形成战略性新兴产业聚集发展的态势，进一步推动科技成果的快速转化。"北京市战略性新兴产业科技成果转化基地建设"专项资金的支持对象为经市科委认定并在有效期内的"北京市战略性新兴产业科技成果转化基地"，支持三类项目：专业服务能力建设项目、公共服务平台建设项目、共性关键技术研发及成果产业化项目。2016 年，北京市共有 11 个项目入选，支持额度分 60 万元、80 万元、100 万元三档；2016 年北京市入选的 11 个项目中，公共服务平台类项目占 7 项。①

（6）重视科技成果转化人才队伍开发与培养

为了为北京科技成果转化提供人才保障，2011 年 12 月，北京大学、北京工业大学、北京市职工技术协会等五家单位成立北京技术市场人才培训基地，并启动了北京市工程技术研究中心和重点实验室技术转移人才培训工程。积极开展了技术经纪人、科技咨询师和融资规划师以及技术转移高级人才培训。截至目前，共培训技术经纪人 1 335 名、相关专业技术经理人近 700 名。② 为促进科技成果转化及人才队伍建设，提高科技成果转化人才参与成果转化的热情和主动性，2014 年，北京市相继发布了《加快推进高等学校科技成果转化和科技协同创新若干意见（试行）》和《加快推进科研机构科技成果转化和产业化的若干意见（试行）》办法，将科技成果转化收益中对科研人员的奖励比例下限，由 20% 提高至 70%。③

---

① 北京市战略新兴产业科技成果转化基地建设专项资金，2016-12-28.

② 晏燕. 避免在"最后一公里"抛锚——北京市技术市场发展探索与思考［N］. 科技日报，2012-05-26.

③ 施剑松. 北京科技成果转化收益七成以上归科研人员［N］. 中国教育报，2015-10-26.

第六章　促进创新要素向企业集聚的对策建议

为促进创新要素向企业集聚，政府应在充分了解企业实际创新需求及北京现有创新资源优势的基础上，构建由政府牵头、以企业为主体、全社会共同参与的企业创新要素吸纳机制。针对创新要素向企业集聚过程中存在的问题，本章从促进科技人才向企业集聚和科技成果向企业转化两个维度方面提出促进创新要素向企业集聚的对策建议，具体如下。

一、促进科技人才向企业集聚的对策建议

随着社会和经济的发展，国与国之间、地区与地区之间、企业与企业之间的竞争日趋激烈，其核心在于创新力所引发的竞争实力的不同。在企业与企业之间，这种竞争实力主要表现为技术的竞争、产品的竞争，而技术、产品的竞争实质上就是创新能力的竞争。科技人才作为创新能力的主体，亦是知识和技术的载体。推动科技人才向企业集聚，是推动科技、人才与经济紧密结合的重要抓手。为促进科技人才向企业集聚，特提出如下对策建议。

1. 健全人才评价激励机制

进一步创新科技人才评价机制，开启人才评价的"精准模式"。针对不同行业、不同领域建立不同的评价标准和评价规范。其中，基础研究人才以同行学术评价为主，应用研究和技术开发人才则应突出市场评价，重点考核应用研究和技术开发科技人才的技术创新能力及科研成果的产业化情况。政府人才计划和奖励资金优先向企业人才倾斜。政府财政性科技经费优先资助在企业技术进步和产学研合作中发挥重要作用的科技人才。

2. 支持科技人才创新创业

提升政府服务科技人才创新创业的能力。提升研发服务机构、创业辅导机构、知识产权代理机构、生产力促进中心和科技企业孵化器等科技中介服务机构为企业服务的水平。优化科技创新服务平台建设，探索科技资源开放共享的新机制和新模式，促进首都科技资源面向北京地区的企业开放共享，并实行市场化运营服务。

支持引导社会资金以及银行、保险公司、证券机构等金融部门投资处于种子期和起步期的科技企业，为科技人才提供创业资金支持。设立"高层次科技人才创业基金"，以政府直接投资、出资入股和人才奖励的方式支持科技人才创新创业，并为高层次科技人才的创新创业提供跟踪服务。

进一步完善社会保障体系，激发科技人才的创新创业热情。逐步改革退休金双轨制度，提高企业科技人才退休后的福利待遇，保障企业科技人才退休金不低于高校和科研院所退休人员的退休金。加强保障房建设，扩大对北京地区企业，尤其是中小型企业科技人才保障房的支持范围和支持力度。

高层次科技人才创办的企业若在京建设总部、研发中心和产业化基地，政府可根据项目研发生产需求，代建实验室、生产厂房等基础设施，以租赁方式供企业使用，企业亦可适时回购。积极支持和鼓励北京市属科研机构、高校和事业单位出台相关的细则支持科技人才离岗或在职创办高新技术企业。

3. 鼓励企业开展技术研发

加大政府财政资金对企业自主创新和研发投入的支持和引导。建立以政府投入为引导、以企业投入为主体、社会资本广泛参与的、多层次的科技投入体系。加大对具有独立知识产权中小企业技术产品的政府采购力度，激励企业重视技术研发和设立知识产权管理部门，增强企业的知识产权意识。支持重点产业技术领域的骨干企业进行重点实验室、工程技术研究中心的研发平台建设，对申报国家重点实验室的企业给予财政补贴。建立和完善面向中小企业的公共技术服务平台以及科技资源共享机制，为中小企业利用公共科技资源和公共研发平台提供条件。

充分利用北京地区高校和科研院所科技人才资源，促进校企、院企合作，不断完善首都科技条件平台建设。支持北京地区的高校和科研院所实施以企业项目研究为主导的产学研联合培养企业精英人才的"双导师"制。建立和完善人才培养质量保障体系，探索校企、院企联合培养工程人才的新模式。

4. 重视企业科技人才培养

进一步推行"项目＋人才"的多层次、多样化的企业科技人才培养模式和"产学研"合作人才教育模式。鼓励企业参与国家和地方科技项目的申请，由企业主导的产学研项目可考虑优先立项。提高北京市科技计划和科技人才培养计划在企业的数额分配比例，加强对创新团队的资助力度。改变以项目投标方式进行的科研资助模式，增强科技人才的立项自主权。逐步完善科技项目管理机制，逐步调整政府科研项目的"硬"投入倾向，提高参与企业项目科技人才的福利和待遇，减少项目管理中的过程控制，给科技人才以较大的经费使用自主权。在科技项目管理、政府科技计划制订以及课题立项时要充分考虑企业的实际需求。

完善企业创新人才队伍引进培养政策。构筑具有较强竞争力的企业创新型科技人才队伍。制定企业高科技人才引进政策，重点引进培养科技领军人物。设立"企业高科技人才发展基金"等，对企业优秀人才在研究经费、个人待遇、生活安排等方面提供优先支持条件。鼓励科技人员进入企业，对贡献突出的予以奖励。设立"企业科技人才发展专项资金"，对企业科技人才进行在职培训，尤其重视对企业青年科技人才的培养。开展市级百千万科技人才培养工程，分领域、分类别、分层次培养青年科技骨干。继续加强企业博士后工作站的建设，为企业博士后提供良好的研发平台和研究环境。启动优秀企业博士后激励资金，对为企业科技创新做出突出贡献的博士后给予奖励。

加大企业科技人才的国际化培养力度。搭建有利于企业科技人才国际化发展的平台，加强国内企业与国外高校、科研院所、企业的经验交流以及人才合作。提高公派出国留学和出国访问人员中企业科技人才的数额比例，促进企业科技人才队伍的国际化、高端化和集群化发展。

5. 搭建人才沟通交流平台

建立高校、科研院所与企业间的人才柔性流动机制。在总结北京地区科技人员进企业"十百千"行动经验和借鉴其他省市科技特派员政策基础上，立足北京地区产业发展需求，尤其要充分关注中小企业的人才需求，利用北京的地区资源优势，选派有一定科技专业理论、技术、工作经验、指导方法、管理能力的专家、教授、研究员、博士等组成顾问团，深入到企业研发第一线，协助企业制定企业技术发展战略，参与企业研发，解决企业生产和新产品研发中的技术问题。充分发挥引智办的国际科技合作交流职能，推动海外智囊进企业为企业服务创新，为北京地区企业吸引具有世界眼光、站在技术发展前沿的专家创造条件。

搭建企业、政府与科技人才之间的信息沟通平台。推动企业与科技人才之间的信息交流，定期举办企业与科技人才之间的人才和技术对接洽谈会，建立双方的沟通桥梁。建立"政府—企业"之间的科技人才双向交流机制。政府科技管理人才要有企业中挂职"科技副总裁"或"科技副厂长"等职务经验，为企业科技人才到政府挂职交流创造政策条件。

建立健全高等院校、科研院所科技人员与企业沟通交流机制。在高等院校和科研机构设立企业创新人才客座研究员岗位，选聘企业高级专家担任高校或科研机构的兼职教授或兼职研究员。同时，引导高校或科研机构科技人才到企业兼职。对于在企业兼职从事创新研究的科技人才，在职称评定和岗位晋升时可参照不同的政策标准，给予其一定的政策优惠。对于以"柔性方式"为企业提供服务的科技人才，在其户口、子女入学、住房等方面给予一定的政策支持。也可考虑由市财政补贴，保证这些转向企业的科技人才在企业工作期间的工资和福利不低于原有水平。

6. 消除科技人才流动障碍

逐步消除高校、科研院所与企业之间，中央与地方之间的人才流通障碍。缩小行政事业单位与企业之间在户籍、社会服务保障等方面的制度性差距，消除科技人才流动的制度性障碍，促进高校、科研院所与企业间人才的自由流动。

制定北京市战略性新兴产业紧缺人才目录。该目录中收录的科技人才，在被北京地区的创新型中小企业聘用时，政府可给予一定的政策优惠。对于电子信息、新能源等战略性产业紧缺型海外高端人才的引进，可在户籍、薪酬、税收和社会保障等方面给予政策优惠，并逐步向国际标准靠拢。

二、促进科技成果向企业转化的对策建议

促进科技成果向企业转化是一项复杂的系统工程，需要从战略性角度思考和谋划。从体制机制的完善开始，推动科技成果转化从数量主导型向质量主导型转化，促进科技成果转化的推动式机制向基于市场需求的拉动式机制转变。逐步建立以企业为主体、以市场为导向、以产业化为目标的科技成果转化工作体系，包括落实相关配套政策、转变科技人才价值观、健全科技人才及成果评价机制、培养创新创业人才以及加强社会优势资源与力量的投入等。借鉴安徽省"紧密围绕需求抓转化、立足引进再转化、强化载体促转化、政府有为推转化"的科技成果转化模式[①]，围绕北京市发展需求的实际情况，将自主研发技术与引进转化技术并重，充分发挥政府在科技成果转化过程中的引导作用，促进科技成果转化不断向市场化、社会化和企业化发展。理顺科技成果转化链条，需要政府、科研单位、企业、中介机构及科技人才各方的共同努力。为促进科技成果向企业集聚和转化，特提出如下对策建议。

1. 改革自主创新机制，促进企业成为科技成果转化的主体

遵循科技和市场经济发展的客观规律，改革自主创新机制，充分发挥市场资源配置的基础性作用和政府的引导作用，逐步建立以企业为主体、市场为导向、产学研相结合的技术创新体系，使企业真正成为科技成果转化的主体，使市场在科技成果转化过程中充分发挥作用。

加大对科技创新型企业的政策扶持力度。对科研院所转制为企业或并入

---

① 安徽省探索四种模式推进科技成果转化［R］.安徽省科技厅，2011-06-17.

企业，在发展初期应继续保持一定的事业经费，在应用开发项目立项、贷款、税收等方面给予优惠扶持。对于产学研结合的项目，在课题立项、经费扶持等方面给予重点倾斜，每年扶持一批产学研结合的基地建设。引导和鼓励企业重视技术研发，不断开展技术创新。提高企业自主创新能力，促进企业拥有更多自主知识产权产品。通过财政返还、减少税费等方式，引导企业牵头攻关重大科技研发项目；支持龙头企业以企业为依托，联合高校、科研院所申请成立国家工程中心、国家工程技术中心、国家重点实验室等重要的自主创新研发平台；鼓励企业承担国家"863计划"、国家重大科技专项等项目；支持中小型科技企业成立技术中心，对企业购置科研设备和引进科技人才给予财政补贴和减税优惠，促进企业进行自主创新。

支持高新技术企业开展原始创新、集成创新及通过引进消化吸收后的二次创新，鼓励企业申请专利，特别是发明专利，加大政府采购这些自主创新产品的力度，以市场需求带动企业的自主创新，用市场培育技术的方式，使企业成为高新技术产业化的主体。创新信息和技术资源共享机制，促进科技资源在高校、科研院所及企业的流动和传播。围绕重点产业中急需解决的重大、关键、共性技术，由企业提出技术需求，政府搭台，组织企业与高校、科研机构开展技术合作。支持企业与高校、科研机构联合实施重大科技成果落地产业化。对承接高校、科研机构重大科技成果并成功转化取得显著经济效益的企业，经过有关部门组织认定后，可给予补助或贴息。

加快产学研技术协会和产业联盟建设。通过市场竞争、政策推动、企业化运作，整合产业资源，形成规模经济效应。加快产业重组，积极推进企业之间、企业与国内外大公司之间的并购、重组，促进企业不断发展壮大，增强企业承载科技成果转化的能力与实力。

2. 创新投融资机制，解决科技成果转化过程中融资难问题

建立多渠道的科技成果转化资金筹措体系，满足科技成果转化的资金需求。以转化基金为平台和载体，统筹集成科技项目、行业专家、金融资本、中介服务等各类资源，逐步形成促进科技成果转化的资金支撑服务体系。优化科技投资结构，提高科技投资效益。明确划分企业资金和财政资金投资方向。企业资金重点投向竞争性技术研发领域，财政资金重点投向基础性、公

益性的科技创新领域。拓宽科技成果转化资金融资渠道，创新融资机制，鼓励民间资本进入科技成果转化项目。引进并培养一批成熟的风险投资家，规范风险投资业的运作机制，建立完善的创业企业评估体系，完善管理制度，加强风险监督。推进创新、研发服务企业和风险投资相结合，推进战略新兴产业与产业基金相结合，为初创期到成熟期的科技企业和战略性新兴产业提供专业化、系列化的金融服务。完善科技型中小企业创新基金的投入和运作机制，提供高新技术企业的长期低息优惠贷款。

逐步建立财政投入引导并带动全社会投入的多元化、多层次、多渠道的科技成果转化投融资体系。充分发挥风险投资引导资金的杠杆作用。建立政府、机构和个人投资者多方参与的风险投资基金，增加高新技术企业所需风险资本的来源。促进政府资金投入方式创新，发挥政府资金的引导作用。加强对科技投入使用的监督和评估，确保决策权和执行权的分离。发挥财政资金的导向功能，着重引导企业加大技术研发投入，吸引国外资本、工商资本、民间资本投向科技创新领域。从财政中划出经费应用于科技成果转化的引导资金、贷款贴息、补助资金和风险投资，以及其他促进成果转化等方面的用途。带动地方政府以及社会资本，加大投入力度，建立科技成果转化重点扶持专项基金。对科技成果转化过程中的中试阶段、批量生产、市场推广等环节进行重点扶持。确保投入科技成果转化的财政资金保持持续稳定增长。强化公共财政对企业自主创新能力建设的投入强度。建立长效的企业创新投入机制，实现科技创新投入增长的常态化、法制化，对基础性、公益性的科技创新建立专项资金给予持续支持。强化投资监管机制，加强对政府投资项目的全过程论证，重点加强重大项目绩效评价制度、稽察制度、审计制度，建立动态跟踪考核评价机制。促进由财政资金形成的科技成果的高效转化和利用，提高财政资金的使用效率。对高新技术产业化项目用地应优先审批，对承担科技重大项目的企业在创业投资、风险投资等各环节产生的税费实行减免政策。

建立政府、科研机构、高等院校、企业及金融机构共同参与的科技成果转化风险分担机制，分散成果转化的风险。支持科研机构与高校实行现金入股制，与企业结成风险共担、利益共享的利益共同体。大力引进海外风险投资基金及分支机构入驻北京，支持风险投资咨询与管理公司的发展，为科技创业企业与风险投资公司之间的对接提供便捷的渠道，进一步完善风险投资退出机制。

3. 完善人才及成果评价方式，建立多元化的科技评价体系

政府主导的高校、科研院所、企业的科技成果评价及创新绩效考评模式应转变为由市场自发形成的行会协会进行。成立以行业协会为主导的科技成果评审委员会，聘请行业专家、学者、资深企业家、风险投资家成为科技成果评审委员会的成员，对科技成果进行客观公正的评价和鉴定。对于重大研发项目，进行事前、事中评价之后，评审委员会还要在研发完成后对科技成果转化产生的实际效果进行跟踪评价。政府根据第三方科技成果评价评审结果，合理调整分配国家研究经费，修订研究资助计划与方法，促进科研投入的科学化、合理化。

改革人才评价标准，重视科技成果转化人才的开发与培养。改革唯学术论文和学历职称的简单量化的人才评估和人才考核倾向，健全科研院所和高校人才评价体系，更加注重人才的综合评价标准，建立符合科学和技术发展规律的、符合学科发展特点的、分类导向的人才评估评价体系。注重培养和引进市场开拓型、经营管理型、成果转化型顶尖人才。重视科技成果转化人才的培养，加强科技成果转化人才队伍建设。

建立和完善多元化的科技评价体系。遵循市场规律，建立以市场为导向的科技成果转化理念。建立和完善以发明专利、成果成熟度、市场需求量和产业化前景为主的技术创新成果评价与扶持体系。技术创新成果评价突出以效益为导向，在保留必要行政性评价的同时，加强市场性评价模式的研究和探索。把成果转化作为成果鉴定的必要条件，增加生产力和贡献力的评价标准，考核评价成果转化效益。应用类科技成果评奖，侧重自主知识产权和经济社会效益，不强调论文发表和被收录的数量，注重知识产权的申请、获得与保护等指标，强化高新技术成果产业化导向，应用技术成果增加市场考核期。将科技成果转化率作为考核和评估科研单位团队建设和学科建设的一项重要指标。通过严密、科学、规范的立项评估，合理测算科研成本并加强过程管理。加强从事高新技术成果转化的专业技术人员职称评定工作。对于科技成果评奖、科技人员的职称评聘等，增加科技成果的技术转移、产业化、经济效益等因素的权重。对于原创特征明显、人员素质出色、有望取得自主知识产权的创新性科研项目予以重点扶持，确保需求，全程服务，及时向社会推介，动员风险投资机构及企业介入，尽快抢占科技制高点。借鉴浙江中科院应用技术研究院的科技成果转化经验，实行"面向市场＋收集难题＋企业定制＋开发研制＋推广转化"的项目运行机制。[①] 加强中试环节建设和提高科技成果的成熟度，科研项目立项时要有明确的产业化目标。

强化对技术成果转化的法律要求和激励措施，落实知识产权保护政策。进一步规范科技产业化过程中的市场行为，维护科技创新者的合法权益，切实加强知识产权保护的法律宣传、普及和培训工作，提高知识产权保护意识，引导企业、科研单位及高等院校建立和完善知识产权的保护和管理条例。

确定和实施一批有示范意义的科技攻关与产业化重大项目创新工程。大力建设好中关村科技园区，使之成为北京乃至全国科技成果转化的重要基地，增强中关村区域活力，推动中关村区域经济发展。加强研究开发中心的建设和创新工程的实施，初步形成相衔接的技术创新、研究开发和创业体系。发挥科技项目的引导作用，通过重大科技支撑计划和科技成果转化与推广计划等引导科研机构、高等院校、关联产业或企业集团进行联合科技创新，提升产业和区域创新水平。

深化院校企业的科技合作机制。通过共建高新技术企业研发中心、开放实验室、成果转化基地，加强人才交流与合作等创新合作机制，扩大合作领域，制定优惠政策，搭建开放合作平台，提高科技的集成创新和引进消化吸收再创新能力。创新"产学研"合作模式，通过投资、参股，共建研发中心、中试熟化基地等多种形式，推动"产学研"合作向高层次发展，形成产学研利益共同体，实现科学知识、科技信息、先进技术、经验手段的有效集成，形成自主创新的综合优势。通过设立专项资金、科技合作项目等引导各区县根据自身优势特色产业，吸引科研机构、高等院校及龙头企业建立科技试验示范基地、成果转化基地，带动优势特色产业链科技创新。促进企业、高校、科研机构各个领域技术成果的信息共享，为技术成果产业化提供信息支持。

---

① 赵永新.如何加快科技成果转化？三个转变促转化［N］.人民日报，2011-11-28.

建立健全科技成果转化中介服务体系。发挥高新区、大学科技园、生产力中心等科技中介服务机构在科技成果转化过程中的重要作用。提升咨询公司、猎头公司、会计公司等科技成果转化中介服务机构的功能与作用，创新中介机构服务企业的新模式。着眼于企业需求，为企业搭建综合信息平台、投融资平台，为企业提供好管理、咨询、研究与发展服务。注重完善科技成果市场和技术交易市场。进一步完善和发展会计师事务所、律师事务所、生产力促进中心、管理咨询公司等科技中介服务机构，吸引具有海外背景的、能够进行国际化运作的大型中介服务机构入驻，以组织网络化、功能社会化和服务产业化为方向，通过扶植、培育和规范科技中介服务机构，形成完整的科技中介服务体系，推进科技成果的转化和应用。积极发挥技术市场促进科技创新和成果产业化的重要渠道作用，为北京率先形成创新驱动的发展格局、促进首都经济社会发展提供强大的动力。

4.创新成果转化利益分配机制，突出政策的激励导向作用

改革部门所有、条块分割的科技管理体制，切实加强对全市科技成果转化工作的宏观规划、统一协调和政策引导。将科技成果转化指标纳入政府部门的绩效考评范围。深化科技管理体制改革，建立健全面向市场的科技成果转化机制，强化对技术成果转化的法律要求和激励措施。建立统揽科技全局的宏观协调管理机制。优化科技管理体制，明确划分各科技管理部门职能，形成协调联动的科技管理工作机制。建立高效的科技资源分配机制，打造完善的包括科研立项、成果评审和奖励的科技评价制度。建立健全北京市科技决策咨询机制，逐步推进第三方参与科研评价。

发挥政府的统筹协调职能，建立科技统筹发展机制。制定优惠政策，引导并促进高校、科研院所的产业、资金、信息、人才、科技、教育培训等要素资源向企业转移扩散。建立科研院所与企业紧密结合的有效机制，利用科技中介机构、技术转移机构等搭建科技人才与企业双向选择的信息交流平台，形成科技人才服务企业的长效机制。从科研院所和高校选派一批科技人才进入企业，研发技术、开发产品。鼓励科技人才带技术及产品进入企业推广应用。

逐步完善科研机构和高等院校科研人员参与科技成果转化的激励机制，使从事科技成果转化的科技人员能够获得比较高的利益，包括物质利益和精

神利益，吸引更多的科技人员从事科技成果转化。鼓励技术成果拥有人以多种方式参与分配，可通过技术入股，也可通过技术转让方式提供给他人实施转化，且成果拥有者可以享受转让后的收益。通过完善利益分配制度，提高科技成果完成人的待遇，从而激励科研人员从事科技成果转化工作的积极性，促进更多的科技成果落地转化。

从政府角度看，政府要通过产业导向政策、科技进步政策、创业投资政策的制度化和法制化，引导企业切实把经济增长转移到依靠科技进步和提高劳动者素质的轨道上来，激发企业对科技成果应用的内在需求，改善经营者的短期行为。同时，政府要力促企业以产权制度的创新推进科技成果转化，使产权关系由模糊走向明晰，使产权结构由单一化走向多元化，使产权流转的凝固化走向产权转让的市场化。通过政府采购促进自主创新产品的推广应用。

各级政府应积极引导，大力支持企业建立自己的科研机构，尽快承担科技成果转化主体的重任，搞好科技成果的转化。政府有关部门应尽快制定有效的产业政策、产业技术政策及产业结构政策，促使企业组织集团化，从而集中资金、人力和物力，发挥整体优势，提高技术开发，形成规模能力。政府要对科技成果、资金、人才、信息、政策、空间载体、基础设施、市场等要素进行优化组合；推动形成全社会共同参与、加快科技成果转化和产业化的新局面。

制定产业发展规划，创新产业引导机制，围绕特色产业制定不同的细分行业的行业规划、行业政策和实施方案，明确科技成果转化的重点领域，促进重点产业加快发展。促进产业集群发展，提高科技成果产业化的整体效能；建设一批科技创新服务平台，发挥对科技成果转化的关键支撑作用；力促企业不断增强自主开发能力，引导和扶持企业建立健全技术开发机构，建立企业科技投入制度，充分发挥企业科技投入的主体作用；鼓励企业与高等院校、科研院所联合，建立健全科研单位的中试基地和企业的技术依托单位；充分发挥政府的组织协调作用，实现多渠道发现科技成果，多因素评价科技成果，多途径培育科技成果，多主体推进科技成果转化和产业化。

积极发展和培育从事科技成果转化的中介服务组织，采集、发布应用领域的科技攻关信息，推广国内外科技成果，建立科技界与产业界、金融界的沟通渠道，开展"产学研"成果信息交流。各级政府部门在宏观政策支持上提供引导，还要在具体的税收政策、信贷政策、土地政策、财政投入、审批环节等方面给予具体支持。加强对中介服务机构的管理和规划。规范化管理现有中介服务机构，为其充分发挥作用提供外部条件。制定激励性奖励措施，提高中介服务机构推动科技成果转化的积极性和主动性。

建立科学、公正、权威的科研成果第三方评估机构，发挥第三方评估机构在科技成果评价等方面的作用。逐步使第三方评估机构承担起科技成果评估及论证等政策法规的咨询工作，为科研成果转让或合作开发各方提供公正、客观、权威的关于科技成果先进性、可转化性，具有经济价值及市场效益预期等方面的评估结果或报告。通过第三方评估机构作用的发挥，规范市场行为，维护合作各方合法权益，使"产学研"合作的运行更加顺畅。

切实做好企业服务工作，协调解决企业在科技成果转化活动中遇到的各种困难和问题。对符合北京地区产业规划、科技成果转化的重点支持领域，科技含量高、市场前景好、有明确推广目标的企业主体，实施绿色通道制度，实行企业办事首问负责制、限期办结制和重点跟踪制，通过简化政策审批手续，实现"特事特办"，从而降低科技成果在京产业化成本。

建立科技成果转化的政策信息公开制度，加大对科技成果转化优惠政策的宣传力度，使企业熟知并能在科技成果转化过程中充分享受优惠政策，督促科技成果转化过程中的优惠政策能落到实处。

第七章 结语

要想提升北京地区的产业结构，促进北京市率先形成创新驱动的发展格局，进而快速占据全国科技创新中心的战略地位，需着力解决北京地区企业的引才难、技术创新难及成果转化难等问题，通过体制机制创新，不断促进创新要素向企业集聚。一方面，推动企业科技人才的国际化、高端化和集群化发展，通过企业科技人才集聚效应的发挥提高企业的科技创新能力；另一方面，通过促进科技成果向企业落地转化，提升企业的自主创新能力和核心竞争力。

促进创新要素向企业聚集，首先需要政府着力进行制度建设，为企业创新发展提供良好的创新氛围。政府要激励企业重视技术创新，为企业科技人才创新和科技成果的落地转化提供良好的研发平台和外部政策环境。同时，要对科技人才的科技创新和科技成果的落地转化给以物质激励和政策支持，以充分调动创新成果在企业技术创新中的积极作用，并加强对企业吸纳创新要素典型经验的总结和推广。

在企业创新要素吸纳机制的构建和完善过程中，企业在引、用、留等环节掌握着主导权。因此，企业应明确自身的发展定位，通过制定合理的科技人才发展规划和科技创新发展规划，创造出良好的创新要素引、用、留机制，为科技人才创造性的发挥和科技成果的真正落地转化提供良好的内部环境。另外，企业科技创新能力的提高，要求科技人才在企业中发挥创新集聚效应。从企业角度看，企业要把握市场先机，强化科技成果转化的主动意识和创新意识，深化科技合作机制，整合利用首都科教资源，主动开展研发和转化运用，积极主动地联合高校、科研机构成为科技成果的生产方乃至转让方，成为真正意义上的市场主体，加快企业自主创新步伐。

企业还需着力加强高校、科研院所科技成果转化机制的构建。需要不断整合全球创新要素，不断完善科技创新价值链，全力推进创新成果产业化，促进科技成果不断形成新的生产力。科研单位要加强与企业的沟通与交流，通过激励机制的构建，将应用型研究与市场结合起来，促进院所中科技人才面向市场进行研发。加强对科研成果的管理，规范对处于不同阶段的科研成果转化工作的组织与协调，并制定对各类工作现实可行的考核、评价、奖励措施，使其各尽所能，形成有机的整体，打通、理顺从基础研究到成果产业化的全过程。推进高校、科研院所的体制机制创新，营造有利于科技成果转化和产业化的创新环境。

总之，企业创新要素吸纳机制的构建是个长期的系统工程，这一机制的建立和完善，需要政府、企业以及全社会的共同努力。

参考文献

[1] 杨丽.企业科技人才技术创新激励研究［M］.北京：中国经济出版社，2009.

[2] 朱国华.高新技术产业的专利、标准与人才战略［M］.北京：化学工业出版社，2010.

[3] 陈京辉，赵志升.人才环境论［M］.上海：上海交通大学出版社，2010.

[4] 白春礼.人才与发展——国立科研机构比较研究［M］.北京：科学出版社，2011.

[5] 张相林.青年科技人才创新行为实证研究［D］.北京：经济科学出版社，2011.

[6] 科技文献出版社.国家中长期科技人才发展规划（2010—2020年）［M］.北京：科技文献出版社，2011.

[7] 林泽炎.强国利器——人才开发的战略选择与制度设计［M］.北京：中国劳动社会保障出版社，2008.

[8] 关乐原.新世纪中国人才战略发展的探索［M］.北京：中共中央党校出版社，2006.

[9] 白春礼.杰出科技人才的成长历程：中国科学院科技人才成长规律研究［M］.北京：科学出版社，2007.

[10] 陈浩.经验与创新："政产学"协同培养人才机制研究［M］.杭州：浙江工商大学出版社，2010.

[11] 闫傲霜.科技成果转化"北京模式"的探索与实践［J］.中国科技产业，2010（12）：58-62.

[12] 北京市科学技术委员会.探索之旅：科技成果转化的"北京模式"［M］.北京：北京科学技术出版社，2013.

［13］张惠娜，栾鸾，等．基于创新主体地位的企业科技人才开发问题与对策研究［J］．人力资源管理，2014（6）：116-118.

［14］张惠娜等．科技人才向企业集聚模式与政策需求分析［J］．时代经贸，2012（5）：210-212.

［15］张惠娜，栾鸾．首都创新人才向企业集聚政策机制环境分析［J］．人力资源管理，2013（12）：139-142.